让孩子成才的秘密（家教篇）

发现生命工作室　著

寂静老师　主编

电子工业出版社·

Publishing House of Electronics Industry

北京·BEIJING

序 一

为实践国家提倡的将传统文化创造性转化、创新性发展，寂静老师运用科学思维，遵循"古为今用、洋为中用、他为我用"的原则，身体力行，深耕于中国传统文化之中。他发现，创新创造的原理和方法就蕴含在中国传统文化的精髓中。而智慧的源头，就在生命之中、生活之中、自然现象之中、宇宙万象之中，它与生俱来、无处不在、本来如此。历代圣贤就像是一位位译者，而不是作者，像是一个个快递员而不是寄件者，像是一根根电线而不是电流……智慧，就隐藏在一切现象的背后。

寂静老师剥茧抽丝，探索本质，发现各种信仰、文化和风俗现象背后共同的核心是："安心、连接、下载、一体"。为人们找到了理解、修正和使用，乃至创造信仰形式和文化形式的原理与方法。

2006年起，寂静老师进入企业，讲授"中华文化中独到的经营智慧""财富之本""企业经营的五大关键""老板的穷途末路三心"和"前途无量三心"等课程，为众多企业家传授经营理念。现担任多家上市公司和大型企业的高级战略顾问。

2011年，寂静老师从家乡四川绵竹出发，徒步前往普陀山朝拜，历时160多天，2330公里，沿途将中华优秀传统文化中的智慧与力量，传递给所有参与者。一路上有很多父母带着孩子跟随寂静老师一起行走，参与人数超过1000人。他将一路上的见闻当成教具与启示，启发孩子内在本有的善良、智慧与爱，令许多孩子的认知、心态大大改变，与父母、老师的关系也发生了巨大改变，学习成绩突飞猛进。借此机会，覆盖全国的亲子冬、夏令营系列活动正式开启。

寂静老师在学习圣贤智慧后认识到，只有了解生命的真相与原理的人，才有可能真正懂得教育要做什么和怎么做。教育不是简单地将知识灌输给孩子，也不是让他仅仅学到一种生存的本领。教育是用生命唤醒生命，是用燃烧的蜡烛点燃一根未燃的蜡烛。教育是唤醒孩子心中本有却沉睡着的智慧、善良、伟大与爱。

他提出新颖有效的方法："教育三大原理""教育三个层次""教

育六大通道""美乐爱觉教育法",以及能够快速改变成绩的"关系管道理论"。他指出,孩子很难改变是因为他的"存在方式"未改变,成绩难提升是因为不懂"动力与阻力原理"。

更重要的是,寂静老师根据圣贤的教诲,发现了教育中存在的误区,错误的教育理念和方法会导致孩子变得自私,无法建立伟大的梦想和高远的精神追求,致使孩子的生命缺乏伟大的种子,缺乏阳光和营养,即便有名校与高学历的光环,生命也缺乏格局和能量,难以成为栋梁。

寂静老师 1987 年毕业于西北工业大学飞机发动机系,先后在中国燃气涡轮研究院(CGTE)、北京航空航天大学、北京师范大学、四川大学、俄罗斯中央航空发动机研究院(CIAM)学习。1998 年,他于四川德阳万佛寺出家,之后四处遍访参学,足迹遍及全国各地,并远涉印度、欧洲多国、肯尼亚、以色列、埃及、澳大利亚、南极等地。他非常关注家庭教育和生命成长,独创出一套全新、高效的教育方法,因他讲课的风格风趣幽默,具有极强的亲和力,被众多家长、老师和孩子称为"最有办法的寂静老师"。

9 年来,寂静老师结合新时代特征,融合现代心理学、现代物理学、哲学等学科思维,独创出全新的教育理论体系,帮助非常多的孩子建立梦想、提升成绩，帮助家庭解决教育困惑。

本书由发现生命工作室根据寂静老师的真实经历整理而成。

——发现生命工作室

序 二

涉足亲子教育领域，是我一开始并没有想到的事。

但当我将所悟到的方法运用到实际的教育中后，竟获得了神奇的效果，很多家长、老师和孩子因此走出了生命的困境，这连我自己也没想到。

回想起来，应该是我一直认真学习中华优秀传统文化的智慧，对人心与人性有一些洞见，由此生发了关于教育的独特见解和方法所致。

也许有人疑惑，为什么我要在教育领域这样投入呢？

首先，中华优秀传统文化本身就是教育，这其中所阐述的是人生与自然的真相与规律，是教育大众的方法，是带领人们获得快乐的方法，是给人们带来收获的方法。我的经历和体验让我深信：这其中蕴涵的智慧，可以应用到生活中的每一个角落，从各个方面帮助人们解答困惑，实现需求和向往。

当今时代，家长、老师和孩子在教育上有着许多困惑、需求和向往，在与孩子的沟通和相处方式上还存在不尽如人意之处。并且，我深刻地体会到时下教育的盲区。对孩子成长过程中的心灵世界我很了解，我认为，决定孩子未来的不是成绩和学校，而是表达能力、学习能力、思考能力、行动能力、总结能力和抗压能力（六大能力），内在的格局、胸怀、眼光、智慧和境界（五大修炼），以及大愿、大勇、大力和大爱（四大品质）。我因此发现了教育的核心与根本，并找到了行之有效的方法。可以说，汲取并运用中华优秀传统文化的智慧，教育问题和生命问题都不是问题。

我深深感叹，教育不只是关乎个人的成长，更关乎整个国家、民族的兴旺。在我看来，教育甚至是关乎人类与一切生物未来希望的一件大事，世界和平与人类希望就在于对人类的智慧教育。

现在，越来越多的国人受西方教育理念的影响，对中华文化与中国智慧不甚了解，甚至有人丧失了民族自信心和民族自尊心。其实，中华文化深邃而博大，它是育人育德的根本，是成就生命幸福和超越的大道。

这就是我的心愿和因缘。

谨以此书献给天下的父母、老师及孩子，愿我的分享能给你们带来欢喜。

祝大家幸福安康！六时吉祥！

寂静老师

致谢

众缘和合，"缘"就是合作。因缘之间如果不能合作、和谐，就无法成立。在此，真诚地感恩成就本书的所有因缘。也愿有缘看到本书的所有人，都能知足、感恩、回馈、利他、奉献，用这样的心，我们的缘分就会越来越多。

在此感恩吴德平、吴俊清、姚曼莉、唐鼎丰、李晓鹏、刘美琦、夏丹、杨新龙、马玲、王蒙、张婷、贺莹莹、爱莲、风铃、薛乾及张思老师的付出，感谢所有参与拍摄的摄影师们。

附上部分工作人员名单（此排名不分先后）

策划：张爽

统筹：信慧、宋太阳

校对：普润、德丽莎、郑纪、葛刚、雷雪敏、殷世平、李刚、褚庆海、纪仰慧

摄影：胥传军、黄诚、李磊、邓雄、张金现、许文豪、范钟林、唐文泽、一如、臧二、陈希昌、温英波

法务：夏冲、梁梓曦

生命的特点

拍摄于 2018 年敦煌游学。

一个苦恼的人去拜访一位智者，一见面他就迫不及待地问了智者好多问题。

智者说："你的问题太小了，我听不见也看不见，所以我无法回答。"

那人问："那我怎样才能让您听见看见呢？"

智者说："你静静地跟随我一年，等那时候你再问，我一定会给出一个你满意的答案，你看好吗？"

那人怀疑而又不满地说："你也许并不智慧，根本解决不了我的问题。到了一年后，谁知你会不会再往后推延呢？"

智者说："君子一言，驷马难追，岂能言而无信？"

这时，智者身边的一个弟子插嘴道："你就相信吧！我当初和你一样，就是这样解决的。我担保！"

那人非常好奇，又问智者的弟子："那你最后问了哪些问题呢？他又是如何回答你的呢？"

智者的弟子说："我即使现在告诉你也是没有用的，唯有你经历了，你才会明白。你还是先把心安下来，跟随、听话，到时候不就知道了吗？"

那人因为想要得到答案，所以便无奈地跟随在智者身边。

很快，一年时间到了。在一个夜晚，智者手持油灯，将那人带到一个漆黑杂乱的房间。智者把油灯挂在墙上，然后坐下来提醒那人说："根据约定，现在你可以提任何问题，我立刻就回答你。"

　　那人沉思片刻，然后惊奇而又欢喜地问了一个问题："为什么我当初有那么多的问题而现在却都没有了呢？"

　　智者并没有回答，仿佛没有听到一样，只是将身旁的油灯吹灭了，黑暗立刻吞噬了一切。只听见智者的声音："请帮我倒一杯水好吗？我先润润嗓子。"

　　那人问："我看不见，怎么倒水呢？"

　　智者说："我告诉你，你照我说的去做就可以了。"

　　那人虽不理解，但因为敬畏智者，也不敢抗拒，就问："水在哪里呢？杯子又在哪里呢？"

　　智者说："都在你背后的墙角。"

　　于是那人跌跌撞撞地走到墙角，在黑暗中摸到了水壶和水杯，倒水时却把水倒在了自己的手上，惊得他不禁"哎哟"一声。等好不容易倒好了水，却又不知道智者在什么方位了，就问："您能出点声吗？我不知道您在哪里。"

　　智者答道："我在这里！"

那人跌跌撞撞地走过来，都快把水洒光了。等拿到智者面前，又一下子撞到了智者，把水泼在了他的身上。

　　这时智者点燃油灯，微笑着问他："我已经回答你最后一个问题了。听懂了吗？"

　　那人有些丈二和尚摸不着头脑。

　　智者带着神秘的微笑，示意那人靠近，然后凑到他的耳边轻声说："因为在光明中，黑暗里的一切问题本来就不存在！"

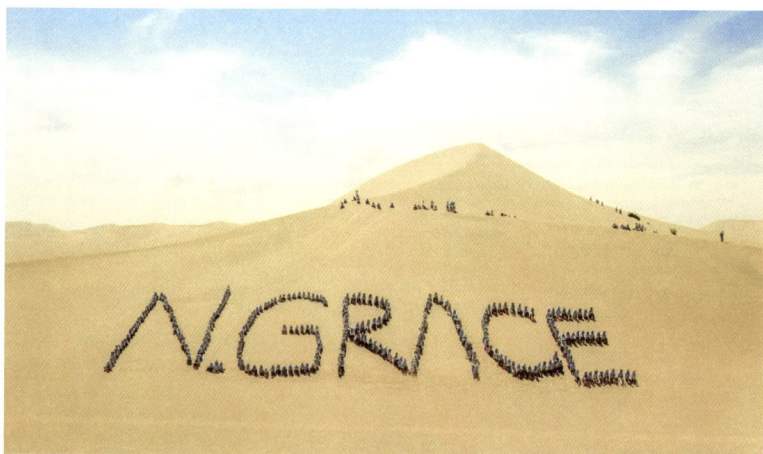

拍摄于2018年敦煌游学，400余人在鸣沙山摆出"自然的恩典"英文字样。

生命的特点就是生发喜悦、创造价值、利益大众。

目 录

第一章

孩子的问题 100% 是父母的问题

1. 父母是原件，孩子是复印件

2. 孩子的命运是被父母设定好的

3. 孩子没有逆反期，只有父母才有

4. 父母和孩子之间为什么存在沟通障碍

5. 孩子不听话的根本原因

6. 谁在支配孩子的人生

拍摄于 2018 年天津夏令营。

1

父母是原件，孩子是复印件

【导读】

在我看来，孩子所有的问题都不是问题。两个故事，帮您找到孩子学习问题的根源。

孩子有哪些问题？大家所关心的孩子的问题都有哪些呢？

健康问题、没有信心、自卑、不快乐、没有礼貌、自私、不尊敬父母、逆反、胆怯、和父母有代沟、不听话、安静不下来、压力大、学习成绩不好……

看来孩子的问题有很多，我想，成绩不好、不爱学习、不听话是大多数父母都关心的，也是孩子普遍共有的问题。但我发现，所有的问题其实都不是问题！

　　我没有孩子，却可以告诉别人怎么教育孩子；我没有结过婚，却可以告诉别人夫妻如何相处。我是如何懂得这些道理的呢？一个结论就是：智慧和境界是通用的，一切事物都是相通的。现象是不同的、变化着的，但其中的道理和规律是相通的，我在向这些方面的专家请教、学习的同时，再加上自己的观察、思考、总结，就知道这类问题的答案了。

　　有位女士对我说："我对孩子很着急、很担心。"我说："这不是问题呀！问题在哪里呢？问题就在于我们并没有去寻找解决的方法——这才是问题！"

　　我给大家讲两个故事——

拍摄于 2017 年肯尼亚游学。

第一个故事

一个女人长得很丑，早晨起来她站在镜子前一看："天啊！这么丑的女人还能看吗？"她拿起一块石头，"啪"地就把镜子砸碎了，心里顿时舒服了，这个丑女人终于不见了！当她换到另一个地方，又看到一面镜子，她想："讨厌，这可恶的丑女人怎么像妖怪一样总跟着我呢？"于是她又拿起一块石头砸过去，"咣当"一声，镜子里面的丑女人又消失了。这个女人再到别的地方又看到一面镜子，她说："这个丑八怪又跟过来了！"又继续去砸……

请问她这样砸下去，要砸多久呢？即使她把全世界的镜子都砸完也无济于事，因为一旦她走到水边去，还会看到这个丑女人。所以，砸镜子是解决不了问题的。她如果梳妆打扮一下，变得漂亮一些，问题不就解决了嘛！

第二个故事

一只老母鸡带着一群小鸡仔出去玩。它们走到水边，看到一群小鸭子在游泳。老母鸡就说："孩子们啊，下去和它们玩一玩！"小鸡仔们说："妈妈，我们不会游泳啊！"老母鸡说："笨蛋，你看人家比你们小都会游，你们怎么就不会游呢？"老母鸡骂小鸡仔们："我花了 21 天才把你们孵

拍摄于 2019 年南非游学。

出来，养育你们又这么辛苦，没想到你们连水都不敢下，太让我伤心了！"

小鸡仔们很委屈，它们很想问老母鸡："妈妈，你会游泳吗？"可是它们又不敢问，因为如果问了，老母鸡就会大发雷霆，扑打着翅膀骂它们顶嘴。

故事讲完了，大家明白问题的根源都在哪里了吗？自己！问题的根源在自己！我们已经找到了问题的根源，我的结论是：孩子所有的问题，百分之百都是父母的问题！

别看这句话很简单，只要我们相信并且接受，孩子就能有所改变。所以，从今天开始，我们要对孩子承担起百分之百的责任，不要老去指责他们。自己不行，却要孩子很行；自己是凡人，却要孩子像神仙，这怎么可能呢！

我们中的很多人就像砸镜子的女人一样，为什么问题总解决不了？因为她没有改变自己，她总认为是外界的问题。在儒家思想中，这违背了"行有不得，反求诸己"。当我们的追求达不到结果的时候，问题就在自己。但我们都已习惯向外看——这不是我们的错。我们要把这种错误的习惯改正过来。

有一个家长总是挑剔孩子，孩子感到很痛苦。但当别人挑剔这位家长时，他却快要崩溃了。我们天天挑剔孩子，你有没有体会过孩子的感受？孩子为什么会这样？我们自己不知道去照镜子，不明白原来问题出自我们自己。

家长总是指责孩子："你为什么不努力学习？你的成绩为什么这么差？"如果我让孩子去反驳你，便很好反驳了。孩子会说："我也想成绩好啊！都怪你，把我生得这么笨。""成绩不好我丢脸，我苦恼啊，成绩不好老师不喜欢我，同学不喜欢我，成绩不好我未来命运不好啊，都怪你！"你看，孩子是不是在说真话？

有一天你发现复印件上有几个错字，也许你会骂复印件有问题。请大家告诉我，到底是原件有问题，还是复印件有问题？答案当然是原件有问题。

我认为，孩子的问题，百分之百是父母的问题。请家长们一定要接受我的看法。

拍摄于 2018 年云南石林夏令营。

2

孩子的命运是被父母设定好的

【导读】

孩子就像一张白纸，父母的一言一行、一点一滴全部会进入他的潜意识中，进而影响他的一生。

作为父母，要教会孩子"送礼"，送礼就是分享生命中的所有。我们活在人间，就是为了把我们自己的力量和喜悦带给别人，活在这个世界就是为了帮助别人。

我们不要总看孩子的成绩好坏，而应该看他的"种子"好不好。但我们很多父母在这一点上常常看错了，老师也看错了，我们今天看到的都是现象。孩子的种子不好，我们把他送进好学校、好环境，送到国外去，他会怎么样？小草送到国外就会变成楠木吗？反观做父母的思维，静下来观察一下，立刻就会发现很多误区。

我对严介和先生的故事记得最清楚的，就是他妈妈对他的影响。严先生非常孝顺，他妈妈身患重病被确诊只有半年生存期，他说服了哥哥姐姐们，把妈妈接到自己家里来，并请了多个保姆轮流照顾妈妈，他妈妈因此多活了九年。

他妈妈曾说过这样一句话，我觉得这就是严先生这一生做人的基础。他妈妈曾对他说："孩子，你以后见到所有的人，都要在心中问自己，我能帮他们做点什么？"

请一定要记住，这个世界上越喜欢奉献的人，就越有希望。奉献是储存，奉献并不代表失去。我发现有些成年人内心中有着根深蒂固的自私，把钱财看得比命都重，相比较而言，反而孩子很好教。

可是，我发现"孩子好教"又有个问题，我们用一个月的时间把孩子改正过来，可家长只用七天就可以把他改回去。我体会到，孩子必须和父母一起受教育，孩子必须和父母一起成长。

孩子的问题是谁的问题？

看，就是用心去看这个世界，而不是只用眼睛看。你会发现孩子就像一张白纸，或者是一个空瓶子。而又是谁每天

拍摄于 2018 年南极游学。

在给这个空瓶子里灌东西？谁在这张白纸上不停地画画？

　　我们要知道，孩子跟大人不一样。大人的面前有一张网，对于这张网之外的事物，他可以选择性地接受。当孩子出生时，或者说在 3 岁以前，孩子面前是没有一张网的。你明白这是什么意思吗？他没有分别心，对我们所做的一切孩子都没有判断，他能感知到的，眼、耳、鼻、舌、身、意所能触碰的一切全部进入潜意识。弗洛伊德在其所著《梦的解析》中说："意识是一种特殊的心理行为，是感官将其他来源的材料经过一番加工而形成的产品"。他认为，潜意识的心理虽然不为人察觉，却支配着人的命运。

再问一个物理学问题：惯性力大还是发动机的力量大？

当我们把汽车开到一块大石头前面，车头紧靠石头，我们挂上一挡，然后踩下油门，会发生什么？会不会把汽车撞得很烂？显然不会。但是当汽车以 100 公里的时速行驶时，即使关闭发动机，迎面撞上去，汽车也会被撞坏。

人类的潜意识就如同高速前进的汽车的惯性一样，它比我们的显意识要大许多。弗洛伊德曾说：潜意识在掌控我们的命运。所以我们一定要知道潜意识是什么。

我在 2011 年行脚的时候，有很多孩子跟着我一起走。之后有人问我："孩子现在跟着你走得这么好，回家以后怎么保持呢？"我回答："不用保持。"打个比方说，你今天骂了这个人，骂完了你就走了，难道你还要一直骂他吗？但你会发现你这种情绪仍在这里，这个结就不会解开。你今天赞美过他，赞美完了，你难道还要回家去不停地一直赞美吗？或者每天打电话，继续在电话中赞美他吗？不用。但你会发现"你赞美他"这种看法已经形成了。

当然，这不是否定"要坚持"。如果你赞美了一次，能够继续坚持赞美两次、三次，这是最好的。

举个例子，我给企业家讲课。我说："当你发生婚外恋的时候，你会发现你的孩子学习成绩会下降。"我问发生婚外恋的人："你的孩子知道吗？"他回答："孩子不知道。这怎么能对孩子说呢？"其实，我们每个人的心都是相通的。我把弗洛伊德关于潜意识的概念扩展了一下。我发现，我们每个人有一个共同的潜意识，就像我们共同踩在这片土地上一样，这片土地是共同的，这个空间是共同的。空间能分割吗？哪块空间是你的？它是共同的，它是连成一体的。我们的潜意识也是这样，是一个整体。所以说当你的心变了，你内心的波动、振动就会传递过去。

这是一个很简单的原理，但是我们过去都不知道这些。事实证明，在我们的夏令营中也是这样。我们为家里人祝福，有些孩子跟爸爸妈妈关系不太好，我们就在这里祝福、改善、忏悔、观想，结果再和父母通电话时，孩子会说："爸爸怎么这么好啊！"为什么？就是因为心与心是相通的，所以祝福是有效的。这种心与心的沟通非常重要，我特别希望父母学会这种沟通方式。大人是有选择地接受，而孩子不一样，他不懂得过滤，你不能全部灌输给他。

所以，做父母的一言一行、一点一滴都会潜移默化地影响孩子。我们从孩子出生起，就开始拿着这张白纸描画了，

拍摄于 2016 年肯尼亚游学。

拍摄于 2017 年百花湖夏令营。

孩子是我们的"产品"，是我们的雕塑。把他雕刻成什么样子，取决于雕刻师。而父母就是孩子的雕刻师，父母就是艺术家。

孩子是一张白纸，这幅画是家长画出来的。画得好看，是家长的功劳；画得难看，同样也是家长的"功劳"。所以说，孩子是我们的镜子，当我们看到孩子，就仿佛看到了自己。

所以我常说：父母是原件，家庭是复印机，孩子是复印件。孩子与父母的关系好与不好，会有不同的结果。我的师父常说："父亲是主宰智慧的，所以孩子跟父亲的关系不好，那么他不会拥有智慧；母亲是主宰身体的，孩子跟母亲的关系不好，他的身体就不会好。"这是我们要分析的第一个问题，即分析孩子的问题是谁的问题。从今天起，我们要改变过去的观念，要承担起孩子所有的问题。

我在武汉讲课的时候，也有人提出疑问："你这样讲，全是我们家长的问题，但社会也有问题呀，大环境也有问题呀，教育也有问题呀。"

我不是说这些没有问题，我们要找到有效的答案，而不是去找一个无效的答案。

所以，只有我们百分之百负起责任的时候，才能解决问题。虽然我们解决不了其他问题，但我们可以主宰自己。当我们每一个人开始回到自身，关注自己，自己承担责任的时候，其他的问题也会开始改变。

生命是一个旅程，一个没有终点的旅程，在旅程中会出现各种各样的遭际，走过它就可以了。

拍摄于 2016 年肯尼亚游学——角马迁徙。

3

孩子没有逆反期，只有父母才有

【导读】

孩子在逆反，表示他在成长，然而父母并没有成长，或者说成长的速度不够。因此，要培养孩子，就必须和孩子一起成长。

　　我们常常说孩子逆反，教育专家也说孩子有逆反期，但据我观察、思考和研究后发现：只有父母有逆反期，孩子没有。

　　为什么会得出这个结论呢？打个比方，房子里有一棵梧桐树，很快这棵树就长到房顶了。这时房子会说：树开始逆反，顶撞我了。

　　但是树要长高长大是自然现象，这是正常的。不正常的是房子根本没有长高，却反过来说是树的错。同理，我们不仅会认为孩子逆反，我们认为有些员工也逆反，难道员工也有逆反期吗？为什么有些家庭成员也会逆反，难道他们的逆反期还没有过去吗？不是的，是因为我们没有跟着他们一起成长，所以我们会认为对方逆反。

有个身高 1 米的爸爸，他住的房子高 1.2 米。他生了三个儿子，他想把这三个儿子全都培养成篮球明星，希望他们长得像姚明一样高。但是等孩子们长高了，却只能驼着背在房间里走。所以说他培养不出篮球明星，只能培养出三个驼背的人，因为他的房子已经限定了这个高度。

那么，是人不正常，还是房子有问题呢？其实是环境的问题。孩子并没有自我意识，就像是一张白纸，你要他怎样他就怎样，完全处于父母的控制中，没有自我。随着孩子的成长，他对外界的认识逐渐增加，他开始大量地吸收外界的信息，然后放到内在去，从而加强了自我意识。而这个时候，父母并不了解孩子在成长，仍旧用对待婴儿的态度去对待他，仍旧认为孩子是自己的附属品。

孩子在长大，而父母没有长大，这个时候，我们就断然认定是孩子逆反了。所以我非常确定地说：孩子没有逆反期。他在当今的社会及现实中自然地成长，而父母没有跟着他一起成长，没有给孩子空间。我们总是说孩子这也不对那也不对，总让孩子听自己的话，但是即便是正确的话，孩子也有

拍摄于 2019 年肯尼亚游学。

自己的看法。因为他的自我意识增强了，他懂得了很多常识，也增长了很多见识。有了见识以后，他就不一定同意我们的看法了。所以当他反对我们的时候，我们不自觉地就会直接给他扣个帽子——逆反！所以，孩子在逆反，表示他在成长，而父母没有成长，或者成长的速度不够。因此，我们要培养孩子，就必须和孩子一起成长。

4

父母和孩子之间为什么存在沟通障碍

【导读】

我们必须进入孩子的世界。凡是和孩子对立的家长，百分之百和孩子不在同一个世界，百分之百和孩子不是同一个物种。

你们见过兔子和鸡沟通吗？见过牛和羊沟通吗？反正我没见过。为什么它们不能沟通？因为它们是两个不同的物种，而沟通必须要在同一个物种之间进行。

有一句广告词是这么说的："沟通，从心开始！"当我们把这颗心拿掉，只注重形式和身份的时候，还能沟通吗？我是领导，你是下属，我们之间没法沟通，我只能命令你。但当我们放下形式和身份的障碍，用心沟通的时候，就会发现你是人，我也是人，我们便可以沟通。对于父母和孩子的沟通障碍问题也是如此，我们没有给予孩子平等和尊重，就跟孩子变成了两个物种。我们和孩子不是同一个物种，自然就无法沟通。

所以，代沟都是我们自己制造出来的，是我们放不下自己。我们总说：孩子为什么不能改变自己呢？因为孩子小嘛！所以，做父母的也要把自己的身份降低下来，去跟孩子沟通，这样就和孩子成为同一个物种了。

如果我们跟孩子没法沟通，就表明我们跟孩子处于两个不同的心灵世界。

父母虽然站得高，但是直接命令孩子是不行的。必须进入他的世界，跟他打成一片，然后带领他进入自己的世界，同样，老板必须进入员工的心灵世界才能带领好员工，老师必须进入学生的心灵世界才能教好学生。

孩子要看演唱会，要看篮球比赛，要买什么东西，要去哪里玩，我们往往因为不理解孩子的心，就否定了他。比如，孩子想去看LadyGaga的演唱会，但父母觉得那有什么可听的呀，既浪费钱又耽误学习。这样做，就是和孩子站在两个世界说话，你们注意到没有，孩子的心一下子就关闭了，怎么可能沟通呢？

拍摄于 2018 年肯尼亚游学。

2012 年 3 月，我在武汉分享印度之行的感悟。一位母亲告诉我，她按照我建议的方法，带着女儿飞到广州，陪她看了一场明星演唱会，结果史无前例地改善了与女儿的关系，从此母女关系变得融洽与默契。

我们跟孩子一起聆听时，即使你不想听，也请跟他一起听。但你去听和他听并不一样，他听就只是直接去听，去享受。而你是去做"间谍"，当"线人"，你要观察自己的孩子为何这么喜欢这个明星，他到底唱了些什么东西这么吸引人？

你用这个简单方法，就可以进入孩子的世界，与他一起体验，也开始真正理解他了。他会觉得跟你处于同一个世界而有话可说了，孩子会骄傲地问同学："你有没有看过某某的演唱会？"不管同学说有还是没有，他都会自信地说："我看过，还是我妈陪我看的！"言外之意是，我有强大的靠山。

有的家长会认为这样做太花钱，我会对很多人说，做事要看花钱的作用和效果，而不要去看它的数目。百分之九十多的人都吃了这个亏，一天到晚总要算这笔账，不看效果，不看作用。而听从我这个建议不过多花了点钱，跟孩子就可以沟通了，你说这是什么效果？又值多少钱呢？

其实问题真的没那么复杂，是我们一直活在自己的世界中，而孩子活在他的世界中。有人疑惑道："进入孩子的内心后，孩子还是不跟我走怎么办？"那表示你还没真正进入孩子的内心，真正进入了他一定会跟你走！

以德报怨，可以化解生命中的很多障碍。我们只能活在自己创造的世界里，你的周围是你创造的，你的前程是你创造的，你的健康是你创造的，所有的一切都是你自己创造的。

我们必须进入孩子的世界。凡是和孩子对立的家长，百分之百和孩子不在同一个世界，百分之百和孩子不是同一个物种。只要把这两个问题解决了，也就没有问题了。不要为担心和恐惧而忙，应该为信念与爱而活，这是走出困境与苦难的出路。

42

5

孩子不听话的根本原因

【导读】

孩子不听话有两个根本原因：一、你在孩子心中没有形象、没有地位；
二、说白了就是他轻视你，看不起你！

孩子不听话，这是普遍现象。看现象就叫聪明，看本质就叫智慧，透过现象看本质，就叫觉悟。我们很多时候都直接把目光锁定在"果"上，而不去找"缘"是什么、"因"是什么，这是问题的根本所在。很多问题不能得到根本的解决，就是因为只解决了"果"！

有一位家长带着女儿来看我，我和孩子交流了许久，我看她头发有点长，便说："你去把头发剪短一点，可以吗？"她说："好呀！"我本来以为这是件平常事，没想到她妈妈立刻跑过来说："太谢谢您了，您不知道，我跟她说了无数次了，她都不听。"其实，此事的根本在于孩子发现第一我能理解她，第二我能尊重她。对于尊重，你看我用请求或者询问的口吻和态度——"你可以吗？"，而不是命令，孩子马上就同意了。

　　我也见过很多类似的事情，只要父母稍稍调整一下，孩子就会有很大改变。当我们真正跟孩子的心靠近，他们便可以听话了。

拍摄于 2016 年南极游学，偶遇企鹅。

讲到这里，我深深地感到，孩子不听话有两个原因：一是父母在孩子心中没形象、没地位。孩子愿意听自己佩服的人说的话，没有人愿意听自己讨厌的人说的话。由此我们也知道了孩子不听话的第二个原因，说得直白一点，就是他轻视你，看不起你。我把这个原因点破了，父母们听着有点不好受，但是立刻就会起作用。孩子为什么会看不起你？你的修养、美德、智慧、形象、爱心是否足够令他佩服你？他凭什么看得起你呢？

又有人说："如今社会环境这么复杂，怎能把责任全部推给父母呢？"虽然社会环境复杂，但是我们只能首先从自身做起。我们要的是效果，而不是空谈。不要找到责任归属了，最后却没效果。现在我们要找到快速有效的方法，而不是去找理由，这样才是积极的、正确的思维方式。有理没有效，那有理有什么用呢？我们总是要争很多理，这个有理，那个有理，但是孩子没有变化，做父母的仍旧没理！

虽然我现在的说法不一定完全令你满意，但你要理解，我们是在寻找能让孩子发生变化的方法。我们需要去反省自己、改变自己，然后改变孩子。如果不求诸己，而是找理由逃避，真的就没救了！

6

谁在支配孩子的人生

【导读】

积累你生命中的能量，包括财富、健康、家庭幸福、快乐、孩子健康成长……

　　喜悦是一种能量，快乐是一种能量。我记得有位来自佛山的老师上台分享的时候很激动，他说他从小学念到大学，没听说过快乐是一种能量，他兴奋得不得了。当我们的家中充满快乐的时候，你就会发现这个家庭很和谐，仿佛拥有一种能量，孩子的成绩也会优异。我们从营养免疫学中知道，当我们烦恼的时候，人体的免疫力会下降。我们老是嫌自己赚钱少，孩子成绩差，天天都在烦恼，这些烦恼将我们内心的能量降低。成绩差了，我们因此生了烦恼，不快乐了，家庭能量就降低了。其实成绩下降并不算什么，最可怕的是孩子会生病。不仅是孩子，整个家庭都如此。

拍摄于 2016 年南极游学，偶遇企鹅。

　　打篮球时，篮球只是一个工具，我们使用的是它的功能，我们通过它得到快乐。祭拜祖宗，是在培养我们的孝心。中国人非常智慧，塑造出很多形象、符号，然后通过这些符号来使我们的心具有能量。快乐是一种能量，形象是一种能量，符号是一种能量，当然最具有能量的是我们的心。所以我明白了，符号、形象都是能量，语言也是一种能量，使人起心动念都是能量。

当家庭充满能量时，家庭氛围就会非常好，孩子学习没有障碍，成绩也很好。学习不仅是努力的问题，也是能量的问题。就像有人很轻松的就赚到钱，有人拼死拼活也赚不到钱，这就是能量在起作用。当人没有能量，内心没有动力的时候，拼命也没用。

能量在"厚德载物"中就是"德"，所以我们一生中无论想要什么，财富、幸福、快乐、健康，都是由我们的"德"决定的。"德"不是你今天捐了多少钱财、明天捐了多少物品，而是对他人的宽容、慈悲和爱，对父母公婆的孝，对自然万物的敬畏和爱护。真正的德是从内心中生发出来的，而不是从钱里生发出来的。

生命因爱而来，世界因爱而在。谁拥有大爱，谁就拥有人生的精彩。

拍摄于 2019 年内蒙古夏令营。

第二章

点燃孩子生命的发动机

SECRETS OF KIDS' GROWTH

拍摄于 2018 年青岛夏令营。

1

种子决定未来，梦想就是希望

有人问我，怎样才能让孩子快速成长？我只能这样回答他："拼命无效，改变种子才有效。"如果一个人不去改变生命的种子，不如安心做一株小草。为什么有的树长得高，有的树长得矮？为什么有的花开红色花朵，有的花开黄色花朵？把花生、稻子、蚕豆的种子播撒在地里，是什么决定了它们未来会长成什么样子，何时发芽、开花、结果？这一切都是由种子决定的。

梦想就是一粒种子，它是我们命运的基因，而未来的种子决定着未来，它虽无形但却无穷无尽，它会一直在我们心中起作用。比如，楠木的种子只有花生米那么大，而核桃的种子就比它大，但并不是说种子大，树就会长得高。又比如，一棵树结的果子百分之八十是由种子决定的，外在因素的影响只占百分之二十。所以，一个人不是他个头大就伟大，也不是现在成绩好将来就一定会成为伟大的人，真正决定人命运的是"基因"。所以，一个人的内心要保持一颗像楠木一样的种子，无论播种在哪里，他终会成长为一棵楠木。我们的孩子也是一样，只要他保持了优秀的品质，无论将来他从事哪种职业，身处哪个地区，处于何种环境下，他都会成为优秀的人。

为什么有些人一事无成，为什么有些人的人生死气沉沉，不是因为他们无能，也不是因为他们不读书，而是因为他没有梦想。没有梦想就等于没有种子，没有种子怎么能发芽？如果我埋下一块石头，并为它浇水施肥，三年后能长出一棵小苗才怪。同理，一个人如果没有梦想，无论他生活在什么时代，在什么环境下成长，周围的条件如何，都是没用的。有了梦想，生命才有希望，生命才能绽放。

一是要"建立"梦想，二是要"保持"梦想，因为梦想是迎接机会的根本，没有梦想，就会错过机会。只要有梦想，机会就会为自己而来。梦想是对生命的准备，它具有无穷无尽的力量，只要有梦想，就不怕没有实现的那一天。梦想就如同种子的力量，只要有种子，就一定有发芽的那一天。将种子埋在土壤里，甚至压在石子下面，种子发芽就会把石子顶开，这就是生命的力量。我在高中时曾读过一本科普书，书中说，人们在进行爆破时，有一种方法就是在一块大石头中钻一个洞，然后放入一些种子，浇上水，等到种子发芽时，石头就会裂开了。我们也常常看到，当一粒种子被石头压住的时候，它总是会从旁边钻出来，因为种子的力量是无穷的。梦想也是一样，只要它存在，就一定会有发芽、开花、结果的那一天，这便是大自然的规律。既然我们生活在这样一个神奇的世界，就要打开心扉去体悟种子的神奇力量，明白梦想的重要意义。

物理学的惯性定律告诉我们，任何一个物体在不受外力或平衡力的作用时，总是保持静止状态或匀速直线运动状态，直到作用在它上面的外力迫使它改变这种状态为止。人也是同样，没有受到外力的作用，不会产生变化，没有内力的爆发，也不会产生变化，而梦想就是推动生命发生改变的内在力量。

拍摄于 2016 年南极游学。

2

梦 想 的 定 义

什么叫梦想？第一，它是一种强烈的意愿，令人魂牵梦绕；第二，它超越现实，如梦幻般美丽。

第一，梦想必须是一种强烈的意愿，强烈到进入梦境的程度。比如我想吃素，如果在梦中我仍旧在吃肉，那就证明吃素并没有构成梦想，因为还没有进入梦境，没有进入梦境就表明你的意愿不够强烈。如果吃素的人梦见有人把肉端过来而马上拒绝了对方，告诉对方说自己吃素，那才是真正的素食者。只有梦想坚定得已经进入了梦境，进入潜意识了，这样的梦想才有力量。

第二，超越现实，如梦幻般美丽。梦是超越现实的，比如梦见自己像李小龙一样武功高强，在梦里大施拳脚，结果醒来了发现腿脚疼痛难忍。梦想一定有超越现实的部分，比如我梦想修建一座大学，你说这个梦想有点太大了，这就对了，如果只是小菜一碟，轻易就能做到，那就不叫梦想了。

梦想不一定非要在今生实现，但要在今生部分实现，并且最好不要全部实现。中学时的我，为了考大学而努力，但当我领取到大学入学通知书时，我却有种走到悬崖边的绝望感，因为过去自己一直在为了考大学而努力奋斗，但考上以后我该怎么办？从那时我就开始忧伤起来了。我还想，我考上了大学是好事，却把别人挤下来了，若没有我，另一个人就会被录取。那时的我不懂慈悲心，仅仅是简单、朴素的想法。

有的人评价自己的孩子一点也不现实，评价过高或过低都是在"毁灭"孩子。正因为有很多文学家、诗人、艺术家超越了现实，他的才能才可能无限发挥。人若太现实，就会变成齿轮，但是人又不能不现实，所以梦想一部分要现实，另一部分必须超越现实。我曾写过这样一段话：我不喜欢那些太超越现实的人，因为他们在空中高高飞翔永不落地，我也不喜欢那些太现实的人，因为他们在地上爬行，永远都没有飞起来的时候。我喜欢那些在现实中超越、在超越中现实的人！

所以，当我们遇到一个总在天上飘、永远不落地的人，我们就要躲开他；而有些人趴在地上，一直爬行，没有翅膀，你也要躲开他。人要像飞机一样，既能降落，也会升起。

　　所以，父母们请注意，我们不能打击孩子的梦想，去评价孩子的想法不现实。请问太现实了还叫梦想吗？我曾遇见一个十岁的小女孩，她的梦想是要发明一颗种子，当这颗种子长成大树，树上会结满了鸡，这样世界上就不会再有杀生了。这个梦想是不是很美？虽然这个梦想可能实现不了，但当她讲完以后我很敬佩她。

　　梦想会给孩子带来美好，带来动力，同时也会给他带来想象力和创造力。而我们大人就不敢去想象，觉得这是想入非非，并且没准还会遭到批评，所以大人们都活得很现实、很沉重，没有创造力。梦想虽然不能实现，却让我们感到很开心、很美好、很慈悲。

拍摄于 2019 年南非游学。

3

有梦想的人生才能飞翔

梦想永远是"现在时"，而不是"将来时"。当我们有了梦想，我们当下就活在梦想中了；当我们的梦想是美好的，我们就活在美好中了；当我们的梦想是伟大的，我们就活在伟大中了；当我们的梦想是无私的，我们就活在广阔和自由中了。

每个人都活在自己的精神世界里，其中最重要的部分就是梦想。从表面上看，我们都活在物质世界中，但其实是把精神转化成物质了。比如我们喝咖啡、喝茶，更多的是为了获得一种精神上的享受，舒适而有品位的环境也为这种享受增添了感官上的愉悦。

又比如我们去爬山，当我们到达了山顶，却不能把高山搬回家。你觉得这处风景你带走了吗？说带走了又没带走，说没带走又带走了，因为它已经被我们摄入了精神世界。我在华山曾遇到一个同行者，他对我说他拍满了两个胶卷的照片，问我拍了多少。我说我也拍满了两个胶卷。只不过他把华山放在了胶卷上，而我则把它放在了心上。

无论你走过多少个地方，做过多少好事、坏事，好事不真切了，坏事也不真切了，而是都进入了精神世界，成为了内心的力量，影响着我们。

人活在物质世界中，并借由物质来实现精神享受，而我们却以为自己依靠的是物质，就执著于物质，所以，人也会感到痛苦，会有那么多的烦恼。其实外在的物质只是工具，而不是目的，若把它定义成目的，人生就会很悲惨。

因此，拥有了精神追求的人，则称之为人；而没有精神追求的人，叫高级动物。梦想是精神世界中最重要的组成部分，所以梦想对每个人来说尤其重要。比如在我的精神世界里，除了拥有信仰，还拥有许多梦想。过去，我们不知道梦想的重要性，如果把一个人的梦想和精神世界抹除干净，他也许就呆滞了，就活不下去了，由此可知精神世界有多么重要。生命的喜悦、美好，生命的力量、希望……没有梦想，就没有这一切。

拍摄于 2018 年内蒙古夏令营。

拍摄于 2018 年内蒙古夏令营。

梦想是来自生命的礼物，若我们没有梦想，就得不到这份免费的大礼。另外，祈祷和祝福也是生命送给我们的两份大礼，我们要多祈祷和祝福，这既不花钱，又不费力。祈祷、祝福、梦想，是生命的财富，但仍有很多人一生都与这些财富绝缘。

当代伟大的物理学家霍金，他的故事让我们看到人的伟大不是用重量、高度或健康来判断的，而是用精神的高度来判断的。霍金曾说："人若没有梦想不如死去。"这句话的的确确是从他的内心中流露出来的，这是他对自己说的。

然而，虽然有一种人是因没有梦想而沉沦，但还有一种人是因为执著于梦想而沉沦在梦想中了。比如，我们执著于让孩子考上清华、北大，但他却考上了一所普通的大学，最后孩子忍受不了压力选择了跳楼，这就是死在梦想里了。所以，没有梦想不行，钻进梦想里出不来也不行。

此外，人类因梦想而伟大，成功者大多都是梦想家。人类的哪一项成就不是从梦想中诞生的呢？梦想是生命的希望，梦想是生命的翅膀，若没有梦想，人就会卑微、低贱，他只能在痛苦中爬行，而无法飞翔。所以，孩子不是念多少书就会有多伟大，但是梦想可以使我们伟大，所以必须建立梦想。

　　"梦想是生命的灵魂，是心灵的灯塔，是引导人走向成功的信仰。有了崇高的梦想，只要矢志不渝地追求，梦想就会成为现实，奋斗就会变成壮举，生命就会创造奇迹。"这些文字都是有梦想的人写就的，这些文字因智慧而闪光。

　　贫穷并不可怕，可怕的是没有梦想，因为这代表对未来没有希望。我的师父说，贫穷不是没有物质，贫穷是因为没有精神。我的梦想之一就是希望让善良和信仰变成可以看得见的财富。

　　一个活得美好的人，活得绽放的人，活得飞翔的人，活得有价值、有意义的人，一定是有梦想的人。我们总是重视很多东西，却扼杀了最重要的种子和对未来生命的希望。我们不能觉得自己现在成绩不行，将来就一定不如别人，最重要的是内心保持一颗种子，保持自己的梦想。

4

梦想的三大条件

有的人梦想买一栋楼，有的人梦想当大老板，我说这都不是梦想，这只能叫作目标。真正的梦想有三个条件：伟大、美好、无私。如果缺少其中一个，都不能称为梦想。

首先，这样的梦想符合宇宙的三大特性：第一是伟大，广袤无垠；第二是美好；第三是无私，就像太阳，无差别地照耀着我们每一个人。宇宙是无私的，包容着我们的生命。如果我们的梦想获得了宇宙的帮助，其特性就是与宇宙接轨。所以，如果梦想是伟大、美好、无私的，就会与宇宙同频共振，宇宙中强大的力量、无限的智慧、无穷的财富都会回到我们身上来。

其次，梦想与我们的本性相应。美国前总统伍德罗·威尔逊曾说过：人类因梦想而伟大。种瓜得瓜，种豆得豆，伟大的种子不可能结出渺小的果子。如果建立了美好的梦想，它就是一粒美好的种子，当然不可能结出丑陋的果子。

中国有句俗话：心底无私天地宽。当心无私时，心就开始无限延伸了，也就是意识的状态扩展了。当意识的状态扩展了，你就会觉得自己活在广阔的世界中，这时人的自由感就释放出来了，而自由继续发展下去就是解脱。如果一个人心中思虑太多，怎能解脱呢？到处都是障碍，不得解脱，全是缠附。过去，人们总是把无私放在道德中，说无私是一种美德。然而站在生命的角度，无私其实是一种让生命美好的技术，是真正的享受。所以在我的心中，信仰是一种生命的技术，是让生命获得美好、幸福和解脱的技术。

因此，当我们建立了一个伟大、美好、无私的梦想时，我们就与伟大、美好、无私相连接，生命自然就会变得美好，所以，人必须要建立梦想，而且还要多多益善。有人问，那我该怎样建立梦想呢？我认为，建立梦想就是心中有触动。

许多做出善举的人，都源于内心被触动，他们内心向善，并用行动感召了大众。所以，一颗真心就会诞生一个伟大的生命，而那些自私自利的心则会毁掉自己的一生。因为每个念头都是为名为利，都是自私的，既没获得价值，也没获得喜悦，更不会获得生命的幸福。你想--想，你喜欢自私的人吗？如果你成为自私的人，别人当然也不会喜欢你，你还有前途吗？所以自私自利是在毁灭生命，自私实际上是"害私"。这样看来，很多人不是天天都在害自己吗？

慈济功德会最初由三十位家庭主妇每天省下五角钱，投入竹筒里，与五位弟子每人每天增产一双婴儿鞋，以克己、克勤、克俭、克难的精神创立，开始济助贫困，拔苦予乐的工作。尽管生活贫苦，创办人证严上人却从未放弃兼济天下的理想，慈济功德会便是在这样一种信念中问世的。

因此，当我们建立了伟大、美好、无私的梦想后，我们的品质就会改变，我们人生的种子就会改变。

拍摄于 2019 年丽江夏令营。

5

梦想的三大收获

不论梦想能不能实现，它都会给我们带来最重要的三大收获——方向、力量、希望。

第一，方向。

一个人有了梦想就有了方向，就不会迷失，就会自然地感召到很多积极的因素来帮助我们、成就我们。因为，人生首先要有定位，有定位才有终点。

比如，我们开车去某个地方，上车后第一件事就是打开导航系统先定位目的地。或许有人会说我不用导航，其实"知道"也是一种定位。一个没有定位的人，就是一个不知道要去哪里的人，就好像一个人站在街头大喊谁帮帮我，谁帮帮我！有人过来问他，你要去哪里？他回答不知道，那么即使交警来了也无法帮助他。所以人生第一件要思考的事情就是我们要去哪里。

人要把自己的定位定清楚，并且不被周围的事物所迷惑，你生命中的定位系统就会给你带来很多不可思议的因缘，所以说，定位对一个人的生命太重要了。

具体来说，人生有两大定位对生命的影响最大：一个是拥有幸福，另一个是拥有智慧。拥有幸福的人会有地位、有影响、有健康、有财富；拥有智慧的人能看清这个世界的森罗万象，因而能从烦恼中脱身出来，所以，智慧的人少烦恼，常常生活在充满美好的世界里。

那么该怎样创造幸福并拥有智慧呢？有两个定位可以帮助我们。第一个定位：我来到这个世界是来帮助这个世界的，是来给予这个世界的，我不是来索取的。

这不是在讲神话，而是在讲理。因为宇宙自然的实质是一个大的智慧生命体，它知道该怎么做。日本著名企业家稻盛和夫曾说，在宇宙中存在他力之风，他力就是超自然力。我们若想利用这个风的力量，就要竖起风帆。如果我们自私自利，风帆上就会千疮百孔，即使风吹过来，也都通过洞孔吹跑了。稻盛和夫说，如果一个人是无私的、有大爱的，他的生命之帆就是紧密完好的，他力之风吹过去就会产生作用。

退一步讲，即使我们不敢说来到这个世界完全就是为了帮助这个世界，那你可以说，我来到这个世界有一半是为了帮助这个世界，我们同样也可以获得内心强大的动力，你奉献得越多，你获得的能量就越大。因为敢于定位在为更多生命付出的人，生命才有动力，才有喜悦，才能快速成长！

第二个定位：我是为了教导大众，引导大众而来。因为这样的定位，我们的智慧会快速增长。

古人讲天道酬勤，就是用敬天的方式来表达和敬仰宇宙中存在的一种力量，去给予、帮助、赋予那些真正勤劳的人。多一分耕耘，多一分收获，只要你付出了足够的努力，将来也一定会得到相应的收获。

但是如果我们将人生定位在要获得更多的金钱，定位在生命是为了金钱而活，我们就特别容易成为金钱的奴隶，生命怎么会获得真正的富有和喜悦呢？生命怎么能拥有真正的价值和意义呢？

懂得这两点，我们的生命就开始醒过来了，我们的生命也因此开始步步升华。所以，人生一定要有梦想，梦想就是对自己人生的定位。人生有了定位就有了方向，有了定位就有了力量，有了定位就有了希望。

拍摄于 2019 年张家界夏令营。

第二，力量。

2011 年我在行脚的时候，路途中那么辛苦都没有放弃，就是因为我有梦想。同样，很多孩子愿意跟着我一起徒步行走，路途中又热又累，吃不好睡不好，有时我们到达一些小镇，没有床就睡地板，午休时就趴在桌子上或坐在凳子上，如此的辛苦，可是谁都不愿意离开，这是为什么？

第一，因为梦想的力量。孩子们都想做那个最先跟随寂静老师的人。但那个寂静老师其实不是我，而是孩子们在心中创造的寂静老师，这个人比我本人更厉害。第二，孩子们在路途中，经历了艰苦，他们把这种艰苦当作体验人生、锻炼自己的机会，他们更在培养自己锲而不舍的精神，这种精神的力量是巨大的。

所以，梦想就是力量的源泉，取之不尽用之不竭。愿望是成功的前提条件，有种子就一定有开花结果的一天。当孩子没有梦想的时候，父母怎样逼他学习也没用；当孩子建立了梦想，他会主动去学习。成功的人都是自己推动自己成功的，而自己靠什么推动呢——梦想。

第三，希望。

有的学生说学习好累，可是不学习父母又会骂他，所以不得不学。也有学生告诉我，他们一毕业就把教科书全都烧了、撕了、扔了。由此可知，他们读书读得多么痛苦！为什么有人会觉得生活好累，没有欢喜，人生没有意思，学习也没有意思？这一切都源于没有梦想。每个人都活在自己的精神世界中，而精神世界最重要的组成部分就是梦想。没有梦想，自然就会觉得人生毫无意义，毫无希望。

所以，当我们建立梦想，首先就会体会到梦想带给我们的三大收获：方向、力量、希望。

拍摄于 2019 张家界夏令营。

6

梦想的三大特征

梦想有三个特征：敢想、真实、坚持。

第一，敢想。

这与梦想的定义有关。什么是梦想？第一，有强烈的意愿；第二，超越现实，如梦般美丽。梦都是超越现实的，如果梦想太现实了那还叫梦想吗？真正的梦想一定有超越现实的部分，因为超越现实，我们的思想才可能无限发挥。人类许多伟大的成就都源于梦想，而其中最重要的特点就是敢想！否则，飞机是怎么发明的？潜水艇是怎么诞生的？人类又如何能瞭望银河，登上月球，飞向太空？所以，不怕你想不到，就怕你不敢想。

因此，父母要呵护孩子的梦想，孩子的梦想怎么想都是可以的。千万不要打击孩子的梦想，即使是负面的，只要加以正确的引导，也会给孩子带来积极成长的力量。

第二，真实。

梦想必须由心而发，纯粹地想做一件自己向往的事。如果你听到别人说他的梦想是当总统，你心里不服，你会想，那我的梦想就是当联合国秘书长，超过别人。这种梦想就不是真实的，因为它只是为了压倒别人，而不是自己发自内心想做的事。

第三，坚持。

好多人年轻时都拥有梦想，但后来都丢了。只要有梦想在，做乞丐也是幸福的。美国残疾人作家力克·胡哲也曾说过："永远不放弃梦想"。我知道今天有很多人，尤其是成年人，年轻的时候也有梦想，但长大以后就放弃了。拒绝退场、永不放弃最重要。只要不放弃，我们就不会失败，而所谓的"失败"只是暂时没有成功而已。

马云身上有一种特质，就是永不放弃。这种精神确实了不起，它会激励人走向成功。所以，梦想跟财富、学问、长相都没有关系，只跟自己有关系。但马云也说，有梦想的人特别多，坚持下来的人却特别少。这句话正中我们的要害。很多人有了梦想没多久就丢掉了，回归到没有梦想的状态，只是想着要赚多少钱，要买多少件衣服。这时即使依然吃饭穿衣，但已经是一个无心的人的状态了，因为没有梦想就像没有了心一样。

所以，即使梦想离我们还很遥远，也不能放弃。一旦放弃，就等于种子消失了，就再也没有实现梦想的可能了。当你有了梦想，一定要坚持，只要保持这颗种子，就一定会有发芽、开花、结果的那一天。

拍摄于 2019 年丽江夏令营。

7

梦想的三大建立

梦想的三大建立：何人、何事、何用。

此生我要做一个什么样的人，叫何人；此生我要做一件什么样的事，叫何事；这件事情要达到什么样的作用，叫何用。比如，一个人说他要成为一个世界级的医学家，要建立一个没有疾病的国度，要让所有的人在这个国度中快乐幸福地生活，这就是人、事、用的体现。

我们在建立梦想时明确了何人、何事、何用，我们的梦想才会清晰！

8

梦想的三大落实

当我们明确了自己的梦想，还要做到梦想的三大落实：具体、可视、分享。

第一，具体，即清晰地想出来。

比如，你梦想成为一名生物学家，那么你就要把成为一名生物学家所需要做的事情清晰化，细化流程，慢慢地关联到当下，把生物学家和现在的学习联系起来，现在就要把各科知识学好，考上一所好学校，找一个好老师，专攻生物学，最后努力成长为一名生物学家。所以，梦想不是一个空的口号，而是与当下紧密联系的。

第二，可视，梦想要让自己看得见。

只要梦想看得见，就绝对能实现。我们可以在网上下载一幅与梦想相似的图片，或者让孩子把自己的梦想描画出来，贴在房间、桌面或者天花板上，每天一睁眼就能看到自己的梦想，因为看得见的梦想容易实现。

第三，分享，即分享梦想。

当我们说出自己的梦想，立刻就有了力量。说什么都不如说梦想有力量，卖什么都不如卖梦想有价值。为什么邓亚萍使用过的乒乓球拍可以标价一万多元？因为当别人看到你是有梦想的人，他就想买你的东西；当他发现你是个无聊、拥有低级趣味的人，他当然不会买你的东西。所以，当一个人有梦想的时候，他拿的东西都会被赋予特定的含义。人可以把自己身上的力量传递到物质上，当我们有了梦想，我们传递出的东西里面就有我们梦想的信息，别人也会感应得到。

拍摄于 2019 年青岛夏令营。

9

梦想的三大问题

梦想还有三大问题：梦想是否要实现？靠谁实现？如何实现？

首先，有梦想一定会实现。

原因有三：第一，梦想本质上是宇宙免费送给我们的礼物，我们只要接受它就好。第二，在我们建立梦想的那一刻，我们就已经活在了梦想当中。第三，每个人都活在自己的精神世界中，而其中最重要的组成部分就是梦想。因此，如果没有梦想，就没有我们的立足之地。

佛家言："心包太虚，量周沙界。"一个人若想担当重任，成其大事，要拥有宽广的心量，并且要敢于建立伟大的梦想。是否实现梦想并不重要，重要的是我们有没有活在梦想之中。只要我们保持梦想永不放弃，就不怕不会实现。

第二，梦想靠谁实现？

当一个人有了伟大、美好、无私的梦想之后，整个宇宙都会来帮助他。因为这样的梦想刚好符合宇宙的特性，就会与宇宙同频共振。由此，宇宙中强大的力量、智慧、财富都会助力我们实现梦想。

每个人本身都具备同样的智慧和能力，只是开发得多少是不一样的。比如，每个人都分到一亩土豆田，田里土豆的数量是一样的，但有的人挖了，有的人没挖，所以每个人家里的土豆数量不一样。

同理，能力也可以通过美好的愿望和伟大、美好、无私的梦想来开发。著名作家保罗·柯艾略曾说，当你全心全意梦想着什么的时候，整个宇宙都会协同起来，助你实现自己的心愿。

因为宇宙是伟大、美好、无私的，它什么都有，随时准备着给予我们，只是我们没有一粒种子，没有给宇宙一个送我们礼物的理由。因此，我们需要种下种子，浇水施肥，因为得到永远比付出多。

在我们拥有梦想，心中生出梦想的那一刻，当我们为他人，为社会，为国家做出奉献，为他人带来利益的时候，命运的"基因"就已经开始转变了，从种子到果实，只是一个时间的问题。水稻只需半年的时间就可收获了，苹果树结果则需要大约 3 年的时间。

所以我们千万不要从现象去判断，认为自己有了梦想之后却没有什么大变化，就放弃了。实际上只要孩子建立梦想，下个学期就一定会发生改变。那为什么有些孩子没有改变？因为他根本没有把这个种子埋下去，他的梦想还没有真正建立。

拍摄于 2018 年嘉兴梅花洲。

第三，梦想如何实现？

我们应该付出相应的努力，才能加速梦想的实现。我认为，多做善举就是实现梦想的关键。

如果我们不为梦想积累善举，那么大愿就是空愿，梦想就是空想，这就是为什么有些人能实现梦想，而有些人则不能的原因。

两者的区别就在于是否多做善举，并获得回报。为什么获得回报的人可以实现梦想？多做善举的人可以实现梦想？因为宇宙中有个规律叫交换规律，即平衡规律，好比员工给老板打工，老板给员工发工资，这就是交换，就是平衡。

《周易》中载：厚德载物。这个"物"是什么？很多人认为"物"就是金钱，是财富，其实这个"物"指的是我们天天所想的一切事物，包括家人、子孙、健康、平安、寿命等。

所以厚德载物，在我这里就换成"厚德后得"，因为只有把德积累深厚之后，才能"得到"。厚德厚物；薄德薄物；缺德缺物；无德无物。

就好像每个人的生命中都有一块蓄电池，蓄电池的电量不是固定的，而是变化的。我们随时都可以改变"生命电池"中的蓄电量。明白这个道理之后，我们就找到方向、找到根本了。

我们今天所拥有的，包括家庭、孩子、事业、寿命、健康、影响、名誉等也是多做善举的回报。明白这个道理之后，我们就找到方向、找到根本了。

比如，我们去开采石油，但如果地下并没有蕴藏着石油，就算我们使用再先进的开采设备，最后能钻出石油吗？钻出来的肯定全是泥水。要想钻取石油，首先地下必须有石油才行。

有人曾抱怨自己在这里工作不开心，换一个单位后还是不满意，那就再换一个，因此便不停地换工作。我问他，一台拖拉机在中国卖多少钱？他回答，就万把块钱吧。我又问，将拖拉机运到美国去，应该能卖几百万吗？他回答，那怎么可能呢？同理，我们人也是一样，难道通过不停地换地方，我们自身就会变得更好吗？如果一个人并不从自身做出改变，那么他走到哪里都不会有改变，不可能换个地方情况就会变好。

我们不能说一朵花在中国会吸引蝴蝶，拿到别处去就不吸引蝴蝶了。只要是花，在哪里都会招来蝴蝶，因为花在哪里都是香的。

请用心去体会，我们的心灵世界其实就像一座宫殿，我们表面上生活在物质世界中，实际上生活在自己创造的精神世界中。一个人如果精神世界很美好，他到哪里生活都会美好，哪怕只有自己一个人也会感到很美好。但一个人若没有精神世界，就算他跟很多人在一起都会很烦恼，都会感到很痛苦。

因此，我们建立梦想之后，要努力地多做善举，才能加速梦想的实现。

孩子们绘制的《家庭梦想蓝图》。

10

梦 想 的 三 大 神 奇

梦想有三大神奇：第一，梦想是宇宙的；第二，梦想中有真假善恶；第三，梦想可以将苦难转化为恩典。

第一，梦想是宇宙的。

当我们建立伟大、美好、无私的梦想时，这个梦想就已经属于宇宙了，因为它符合宇宙的三大特性：第一是伟大，广袤无垠；第二是美好；第三是无私。比如太阳，永远无私、无差别地照耀着每一个人。整个宇宙是无私的，包容的，将无限的力量奉献给人类。所以，从表面看我们拥有了梦想，但其实它并不属于我们个人私有，而是我们与宇宙共有的，我们只是由个人出面将它建立起来。

有人说阿里巴巴的伟业是马云努力完成的，但其实并非如此，马云可能有这么大的力量吗？那到底是什么成就了马云和阿里巴巴呢？首先，马云的梦想吸引了一批志同道合的人跟随他；其次，马云的梦想吸引了认同他理念的投资者，因此投资给他；再者，因为马云的梦想符合这个时代的需要，所以整个时代都在呼唤他，推动他，助他一路发展壮大。很多人看不到这些因素，认为马云今天的成就都是他一个人做出来的，其实不然。是因为他的梦想、观念刚好符合了这个时代的需求，刚好能造福千千万万的人。所以，真正的梦想一定不是属于个人的，一定是与宇宙共有的。伟大、美好、无私的梦想就是宇宙的灵魂，当我们拥有了这样的梦想，我们也就成了宇宙，因为我们把宇宙的灵魂都放在心中了。

第二，梦想中有真假善恶。

每当我们心中有愿，立刻就会有一个真假善恶诞生。比如当我们心中有个好念头，立刻就有一个善的诞生；当我们心中有个恶念，立刻就有一个恶的诞生。所以，我们要在内心建立美好的愿望和梦想，那么立刻就会有真善美诞生。真善美会带我们去想象不到的地方，遇见意料之外的人和事物。

同样，梦想就是"GPS 导航系统"，它有智慧、有智能，它会将你导向到能够帮助你实现梦想的人那里去，我们把它称作"梦想导航"。

所以，当我们建立了伟大、美好、无私的梦想之后，这个"梦想导航"就开始启动，它了知一切，知道谁能帮助我们实现，会把那些相应的缘分带给我们。因为我们心中有梦想和愿望，那些能够帮助我们、支持我们的人就会自动来到我们的生命中。

我曾有个愿望：明了财富之道，然后帮助人们增长财富，让富人学会正确地使用财富，去利益更多的人，并引导他们走向成功。在这个过程中，我要结识一些拥有财富的人，跟他们交流分享。因为我有愿望，所以"梦想导航"就开始带着我去遇见这样的人了。最典型的例子，就是2004年我在普陀山云游时，因一系列因缘巧合，遇见了大北农集团现任副总裁扶鹏飞，后来，我与越来越多有善愿的企业家相识，这就是"梦想导航"发生了作用。

2004年与大北农集团结缘之后，2006年我就开始为他们讲课了。讲课时我就许了一个愿望，想见到他们集团的董事长邵根伙博士。没想到我当时讲课非常受欢迎，为董事会全体股东、全国各公司的总经理都讲了课，他们一再的邀请也给了我无限的信心和动力。三个月后，我便如愿见到了大北农集团的董事长，中国农业大学博士邵根伙先生。

另外一个例子就是和四川龙蟒集团董事长结缘的故事。

2007年中秋前夕，我的姐夫带着一名龙蟒集团的基层员工来见我。因为龙蟒集团在四川省很有名气，当时我就许愿说，我想见见你们的老板。没想到三个月后，这位董事长自己来登门拜访，我当时还不知道他是谁……但这一切的发生就是这样神奇！

位于四川省德阳市的高尊文化中心（由龙蟒集团斥资建造）。

我与大家分享我和这些优秀人物结缘的故事，并不是引导大家为了自己的私利而去结识社会上的一些知名人物，而是想要告诉大家梦想的力量。我从未计划过什么，只因为一个善良的愿望，想要去结识一些有成就的人，向他们学习，同时也通过他们去影响更多的人，为更多的人带来助益，于是，"梦想导航"就开始发生作用了。

因此，我们一定要有善念、善愿，要有伟大、美好、无私的梦想，它会直接让我们的身边增加很多"守护天使"。

如果我们还有更大的愿望，想帮助中国变得更强大，想做对整个世界有用的人，那就会有无数个"天使"来到我们身边守护我们、帮助我们。

所谓"人有善愿，天必佑之"。只要我们心中有美好的愿望，身边就会有"天使"。这些"天使"会帮助我们做事情，神奇地引导我们遇到一些人，遇到一些事，而这些人和事都是帮助我们完成善愿、成就我们、成长我们的缘分。当然，如果我们内心中有恶的想法，"梦想导航"就会引导我们遇到恶人，让我们受伤害，让我们痛苦。

所以，"梦想导航"不可思议。我们要多建立善良美好的愿望，必然会有神奇的力量指引我们成就善行，造福于生命。

第三，梦想可以将苦难转为恩典。

梦想具有转化的力量。比如，生病的人可以许下愿望：愿我承受这种病痛，使别人都不再患这种病；如果我康复了，我要帮助所有患上这种疾病的人。

此外，把为自己祈祷变成为帮助他人而祈祷。比如生病的人，要为所有同病的人祈祷。如果自己的孩子成绩不好，就许下愿望：愿所有家庭的孩子，成绩都能提高。如果自卑，就许下愿望：愿所有自卑的人不再自卑。

再者，不论梦想能否实现，我们每做一件事情，都要把愿望放进去，这样你便能体会到力量。

比如，如果我们不满意现状或被人欺负，就许下愿望：愿我的忍耐和努力，为子孙创造幸福；愿我的忍耐成为回报，把正能量传递给我的孩子，让他的成绩提高。

拥有大智慧，便能看得更全、更远、更广。

梦想是如此神奇，只要我们懂得转化，我们的人生经历都可以成为实现梦想的恩典和力量！

拍摄于 2018 年敦煌游学。

11

孩子 80% 的问题在于没有梦想

先从一个童话故事说起。有一株楠木，它刚刚从种子发出芽来，还没有长叶子。这株小楠木看到小草长得很高，而且叶子长得很大很漂亮，它就很自卑。它想："哎呀，我怎么长得还不如一株小草啊？豆芽都比我漂亮，小草都比我长得高。我不是楠木吧？我可能连小草都不如。"过了一段时间，楠木发现自己的叶子开始长出来了，不仅叶子长出来了，而且越长越高。又过了几年，它长成了一株小树。这时它再去看那株小草，小草还是小草，并且已经枯萎了。此时楠木才发现自己长成了一棵树，并且还将生长成为一棵参天大树。

这就是成长的四大要素：第一是种子，第二是土壤，第三是阳光，第四是时间。我们回头想想，什么是我们生命的种子？细细地研究，你会发现那就是我们的心，就是我们的观念，就是我们的思想。所以，一个人的心、观念、思想是多么重要！在心、观念、思想中，还有一个关键，那就是梦想。一个意愿，一个目的，就叫梦想。梦想就是我们命运的种子。

大梦想就是大种子，小梦想就是小种子。大梦想就是楠木的种子，小梦想就是小草的种子。而没有梦想就是一块小石头，它永远不会发芽。为什么种子会发芽？因为种子里存在一个梦想。一颗楠木种子的梦想是：我是楠木，我要发芽，我要生长，我要长成参天大树。一粒鲜花的种子，它也有一个梦想：我要开出一朵美丽的鲜花。

大多数父母总是逼迫孩子去读书，这个现象就好比孩子是一辆汽车，全家六口人：爸爸、妈妈、爷爷、奶奶、外公、外婆，使劲推着汽车前行，而这辆汽车却一直拉着手刹，全家人推得直冒汗，很辛苦，轮胎也冒烟了，但是汽车仍纹丝不动。这是为什么呢？因为使劲去推拉上手刹的汽车，轮胎与地面摩擦力也变大，轮胎自然容易损坏。我们今天逼迫孩子就是这样的，越使劲越得不到好结果。开动汽车不是靠外推，而是要把手刹松开，启动发动机。父母就要把孩子的"发动机"启动，把他的梦想先建立起来。梦想对一个人来说就是他的命运，就是他的前景，就是我们成长四要素中的第一个要素——种子。

拍摄于 2019 年丽江夏令营。

霍金不能说话，不能走路，也不能写字，但是他却成为了当今世界伟大的科学家。霍金曾说过："人若没有梦想，不如死去。"一个人没有梦想，他就没有动力；一个人没有梦想，他就没有方向；一个人没有梦想，人生就没有希望。所以，当我们看到孩子没有动力，看到他很迷茫，看到他不快乐，就知道是什么原因了。

错误的教育方式不重视点燃孩子的梦想，只是教给孩子知识，一味地强迫孩子、逼迫孩子，以为这样做孩子就可以成才。请记住，如果没有梦想，永远都不可能成才。

12

有梦想，全世界都会为你让路

　　珠海冬令营上我们邀请到了一位特别的嘉宾，一位没有右手手指，却能凭借美妙的琴声和坚韧不拔的精神，登上"2011 年中国达人秀年度盛典"梦想之巅，并在人民大会堂演出的女孩——郑桂桂。2014 年 1 月 23 日下午，桂桂老师来到冬令营现场，接受了寂静老师和主持人吴俊清老师的采访。

"无指钢琴少女"郑桂桂（右）。

寂静老师：我看到她的视频非常感动，觉得她拥有一颗伟大的心灵。当我问她如何看待自己的不幸时，她是如何回答的呢？

台下观众：她回答"我没有感觉到我的不幸，我觉得是上天眷顾我，才给了我一双那么美好的手。"

寂静老师：对，郑桂桂老师最让人感动的，就是她并没有感到不幸。她能保持平常心，这很了不起。

寂静老师：这样的你非常幸福，也很幸运。同学们，她的幸福和幸运是从哪里来的呢？从自己的努力来，对不对？上天给了她这样一双手就是一种恩赐，但是如果不会解读，我们就会认为上天只给了我们不幸。所以面对生命中的一些特点、现象，对我们来说，意义只在一念之间，一念之间有可能是恩典，同样，一念之间也可能是灾难。

郑桂桂：钢琴比我弹得好的人有很多，但就是因为我的这双手，我受到的照顾也有很多。当上天对我关上一扇门的时候，同时也会为我打开另一扇窗。

寂静老师：在上台之前，桂桂老师身穿学员服和大家一起坐在台下听课，"潜伏"得十分隐秘。她还为一个坐在自己身边和母亲有抵触情绪的小男孩开解了十五分钟，虽然最终还是没能劝服小男孩，但是她内心对周围人的爱，想要深深扎根和融入大家的热情是非常深厚的。也许，这就是她之所以能成功的一个重要原因。

吴俊清老师：看到桂桂老师的第一眼，我觉得她很优雅，很有亲和力。我曾经见过像她的手一样有缺憾的人们，你能从他们身上看到生活的艰辛、苦难。但是在桂桂老师身上，我没有看到这些，我知道她是一个内心很美好的人。

郑桂桂：一开始我的梦想是当一名钢琴老师，不论年龄大小，只要愿意学，我都愿意教。现在我的梦想就是尽我最大的能力去帮助更多的人，不论在哪个方面，只要我能做到我都愿意去努力。

郑桂桂在 2017 年天津夏令营活动现场演奏。

郑桂桂：很多人问我如何看待名利。如果一个人只看重名利的话，就太短浅了。其实名利一点都不重要，如果看得长远一点，人就会活在真实的生命里。至于名，还要看如何去看待它。我觉得大家都很有名，我们每个人在自己的朋友圈中都是名人，每个人身上都有亮点，只是发现的早晚而已。在我的朋友圈里，大家都叫我"女汉子"，因为他们觉得别人做不到的事情我都能做到。只要心态放平和，一切都是最好的安排，任何事能够发生在你身上都是有原因的，你很高兴很快乐地接受它，你就会有很大的收获。

寂静老师：我们所邀请的人，不是因为他能演奏什么，或者他有什么能力，而是他内心有一种精神，有宽广的境界，这样对我们的生命才有贡献。

吴俊清老师：参加完达人秀节目之后，你对自己的自我价值认知有没有变化呢？

郑桂桂：嗯，在这之前，我不知道除了弹琴我的人生还能为社会贡献什么价值。以前我很抵触采访，但后来听要采访我的人说，采访我是为了能让社会上更多的人感受到这种精神、得到鼓励，那时候我才明白了我的价值所在，于是就确定了我的目标，让更多的人能从我身上学到一些东西。

寂静老师：对，这就是一种精神。桂桂老师，她真正更好的、更有价值的不是琴声，而是她内心的那种精神。从她身上我能感受到她内心有一种爱，朴素的、天然的爱，这种爱也许源于她爸爸对她的启发。

郑桂桂：我父母从来都把我当作正常人一样平等对待。我的这双特殊的手是先天的，一生下来就是这个样子，我觉得比后天造成的要幸运得多。我出生三天之后，妈妈发现我的右手有问题，她天天哭。她怕我以后什么事情都做不了，而她又不能陪伴我一辈子。我相信，每一个母亲都希望自己的孩子平平安安，我爸爸经常开导我妈妈，要顺其自然，既然我是这样子，肯定有它的原因。我爸爸心态比较好，经常对我说，你跟别人没有什么不一样。我有五个兄弟姐妹，我排行老四，兄妹几个也把我当成正常的孩子一样对待，该做什么就做什么，从来都不会给我一些特殊照顾。爸爸妈妈特别有智慧，对我们非常放心，只要不触犯法律，凡事都放手让我们去做。就是因为爸爸妈妈对我没有什么特殊的照顾和关怀，让我觉得我和兄弟姐妹是一样的，没有区别。

寂静老师：对，如果你的父母对你特别照顾，反而会对你的内心造成一种阴影。讲到这里我想问台下的家长们，你们有没有把你的孩子当成正常人来对待？如果你们说没有，那你们一定把他当成天才来看待了。我认为桂桂的父母真的很有智慧。

　　*寂静老师：*桂桂身上已经拥有了这种天然的爱和善根，如果能够把内心的爱更淋漓尽致地发挥出来，她的人生价值就会得到最大体现。桂桂一直很重视她生命的价值，而不是钱和名利，这是非常了不起的，这就是一个伟人的品质。就像一颗楠木的种子，因为它是楠木的种子，自然就会生长成参天大树。

　　当心中有了爱，才知生命尽是天籁。

拍摄于 2018 年南极游学。

13

梦想的力量有多大

我叫郑驰，今年19岁，2015年6月毕业于长沙市第一中学，现就读于中央戏剧学院戏剧影视导演专业。

曾经，作为一名高中生，我每天的生活是这样的：上课睡觉，下课玩游戏，从不知作业为何物。考试更是我的"天堂"，因为这时我就可以美美地睡上一整天，把晚上熬夜玩游戏的损失全补回来……这样"美好"的生活几乎从我上小学一年级就开始了，一直持续了近10年。上了高中后，我的妈妈终于忍受不了了！

2012年1月，妈妈"连哄带骗"地带我来到北京参加一场冬令营。这次经历彻底颠覆了我的人生观，并改变了我的生活。寂静老师说，"愿意改变比已经改变更重要，改变就是力量。"

寂静老师的智慧、幽默、接地气一下子就吸引了我。冬令营让我找回了自信，唤醒了我的爱心，那是我梦想开始的地方。从冬令营回来后，我变得非常爱护小动物，遇到小动物的尸体我都会主动掩埋。在随后的冬令营长沙分享会上，我和几个小伙伴发出倡议，去医院看望从云南到长沙治病的重症肌无力小患者。我们自发捐钱给小朋友买玩具，我还把我手上的佛珠送给他，希望他能快点好起来。

2012 年的整个夏天我都在参加各场夏令营活动。从夏令营回来后，为了让更多像我一样，曾经对学习完全没有兴趣的孩子重拾人生的目标，我发心要在长沙举办一场成长分享会。在父母和两个小伙伴的支持下，我们在长沙举办了一场分享会，现场共有 80 多人参加，有学生家长，有企业家，还有我的班主任老师。

我不知道自己从哪里来的能量，整个下午一直由我主讲。我给大家讲我的梦想，也把妈妈和奶奶请上台，给她们行跪拜礼，向她们忏悔我以前的无知和过错。台下的家人听后感到非常震撼，尤其是我的班主任老师，他说这是他教书 15 年中最大的奇迹。他怎么也没法把那个以前让他万分头疼，稳居班里倒数第二名的"捣蛋大王"，和现在在台上侃侃而谈的我联系在一起。他特别想知道是怎样的一个夏令营，是怎样的一位老师竟然能让一个孩子发生这么大的变化。台下，一位湖南的企业家当即决定要在湖南建立一个爱心平台，让更多的孩子受益。我们湖南的"心灵花园"就是在讲座当晚成立的。

在不停地践行老师教育理念的过程中，我发掘出了自己的优势，我的人生目标越来越清晰，逐渐建立了自己的梦想。我喜欢表演，我喜欢舞台，我离不开舞台。我要通过舞台把智慧、美乐和爱传播给大众。高三那年，我报考了中央戏剧学院，顺利通过了专业课考试，这让我很激动、很兴奋，人也变得浮躁起来。在接下来三个月的文化课考试中，我没有通过，这一下子击垮了我。我非常痛苦、迷茫，有点自暴自弃，我每天抽烟、喝酒，不务正业，生活就这样一天一天在痛苦中度过。

突然有一天，我想起了自己曾经的梦想，我想起了2011年寂静老师带领我们在九华山为梦想的"三大条件"和"三大收获"创作手语时的情景。

梦想手语（拍摄于 2011 年寂静老师行脚途中）。

　　我参与创作的梦想手语在每场冬、夏令营上鼓舞了很多人，为大家注入了满满的正能量。我怎么能就此放弃，我怎么能就此沉沦呢！我要为我的梦想再试一次，我要再给自己一次机会，我要坚持自己的梦想。我重新回头审视，思考自己考试失败的原因，我从中吸取了教训，我感恩这次失败，它让我有机会认识到自己的不足。它给了我战胜挫折、迎接挑战的机会，它为我提供了新的成长点。

　　寂静老师说："成长是生命最大的财富，成长也是生命中唯一的财富。除了成长，财富一无是处，除了成长，生命一无所有。"全球幸福学之父、《哈佛幸福课》一书的作者、哈佛大学教授本·沙哈尔也曾说过："成功的唯一方法就是不断地失败。"这次失败让我明白了失败并不可怕，重要的是用什么样的心态来面对失败。

寂静老师与《哈佛幸福课》作者本·沙哈尔教授进行"幸福对话"。

心态调整后，我便开始付诸行动。我独自一人来到北京复读，每天 5 点多起床，6 点多开始练嗓子、练台词，一个小时后去老师那里上课。下课回到家，看 2 个小时的电影，然后用 4 个小时写影评，编讲故事 1 个小时，写散文 3 个小时，每天用 14 个小时来学习专业课。对于艺考复读生来说，主考官对你的要求更严格，他会不停地问你在新的一年里，都创造了什么新的东西。

坚持梦想的过程是很辛苦的，当我面对老师留下的大量的几乎不可能完成的作业时，我焦虑过、担心过，我也一个人偷偷哭过。但是每当这时，我就回想起了诵读《能量朗读——让世界因我而美丽》这篇文章带给我的力量，我想起了和老师一起创作的梦想能量手语，我觉得我的背后有无数双手在支撑着我。最终，我坚持了下来。

考试很快到来了，在去上海考试时，我到静安寺祈福。考试时，我抽到的题目竟然就是我之前准备过的题目。分数公布后，令我大吃一惊，我的分数竟然高出分数线 50 多分，更为神奇的是，那一年中央戏剧学院除了我报考的专业外，其他所有的专业都提高了录取分数线，只有我报考的专业的分数线与上一年一样。就这样，我同时收到了上海戏剧学院和中央戏剧学院的预录取通知书。

回想自己这几年的经历，我想对我帮助最大的就是我有梦想，我人生的大方向永远错不了。尽管成长的道路上时有磕磕碰碰、荆棘挫折，但我始终能听到自己内心的声音，我永远知道自己最需要什么，那就是——我的生活里永远有舞台，我离不开舞台，我要通过舞台，把美乐、喜悦、大爱和智慧传递给大家。

第三章

什么"长"都不如成长

1. 生命中最重要的事情是成长

2. 成长四要素——种子、大地、阳光、时间

3. 快速成长的六大要素

4. 比起知识，孩子更需要境界和智慧

5. 人生顺利的四件"法宝"

6. 生命中奇迹不断的四个通道

7. 用梦想给成长定位

拍摄于 2016 年肯尼亚游学。

1

生命中最重要的事情是成长

【导读】

成长是生命中最大的财富。不把精力放在成长上，我们所有的想法都将成为梦幻泡影。一只小酒杯，放到哪里也不可能装下更多的水。

我们要想获得财富、喜悦、智慧，都要有个前提，那就是我们在成长。比方说，这里有个杯子，杯子大小如果没有改变，它所盛装的水的多少永远也不会改变。

我曾经写过一个故事，有个人拿一只小小的酒杯去水缸里盛水，盛完后一看不够喝，他想：为什么不够喝呢？哦，一定是我家水缸太小了。如果我到池塘去盛，一定可以盛下很多水。于是，他拿着小小的酒杯去池塘盛水，结果发现还是不够喝。他想：哦，我家的池塘太小了，我要到大河里去盛水，这样一定会盛下很多水。于是，他又拿着小小的酒杯到大河去盛水。结果呢，还是只盛了那么多。他又想：不对呀，如果我到大海里去盛水，一定会盛很多水……你们说，他到大海里会盛多少水呢？当然还是只有那么多了。

这个故事告诉我们，一个人的内在不成长，就好像杯子不变化一样，他到任何一个地方，所获得的肯定不会变化。所以，有的人不断地更换职业和地点，四川不行我就到广东去发展，广东不行就到美国去发展。是否到了美国就可以发展得好呢？请问我们把小酒杯拿到美国去，难道就能盛下更多的水吗？

我自己对成长也是深有体会。我认为成长是力量，成长也是财富。如果我们不把精力放在成长上，我们的想法都将成为梦幻泡影，都将落空。我在社会上接触各行各业的人，我观察他们，通过观察、总结、消化后我发现，凡是没有得到利益的，凡是生活苦难的，凡是充满烦恼的，凡是充满种种问题的人，根本原因就在于他没有成长。

外在的东西转瞬即逝，只有成长会跟着我们走，只有心灵会跟着我们走。有一次，有个人开了一辆高档汽车送我到机场，我对他说："这辆车好漂亮啊，我都不想下车了。"其实，车只是一种交通工具，当你到达目的地的时候，仍然要下车。

万事万物就像望远镜，我们的智慧就是通过这只望远镜看到更远的地方。人，必须要"进"得去，还要"出"得来。经营商业也是如此，想把生意做好，必须要"走进"商业。很多老板走进去出不来，就困在商业中了，所以要想把生意做好，必须还要从商业中"出"得来。我们教育子女也是一样，一定要进得去出得来。学习功课也是如此，我们必须要"进入"功课，没有进入功课的，成绩肯定不会好。但如果你钻进功课却钻不出来，就变成书虫、书呆子了。

家长、孩子如何超越成绩，获得成长？

有一个孩子曾对我说："有很多家长，经常拿我们本身不好的缺点，去和别人家孩子的优点做对比，但我们本身还有很多优点，应该多发现我们的优点，不应该老是强调我们的缺点。"

对此，我深表认同。我建议家长应该反过来，拿自己家孩子的优点，跟别人家孩子的缺点去比较。

我从小的生长环境造就了我内心的自卑，后来我是如何增加了自信呢？我就找别人不会的，拿我会的跟他们比。

当孩子考了第一名的时候，父母都希望下一次他还能再考第一名。而我给家长的建议却不是这样的。我建议家长对孩子说："成绩是一种体验。"让孩子去体验、去感受获得第一名是什么滋味、什么状态，需要通过什么样的努力、什么样的过程才能获得第一名。这就是一种体验，在体验中获得成长和智慧。

大多数父母都会说："好好努力，下学期得第一名。"如果下学期孩子得第二名了，家长会不会很不高兴？家长会批评孩子怎么只考了第二名。我建议父母不要这样说。假如我是爸爸，我就说："孩子，好好地体验一下第一名是什么感觉。""好好地"就是用两天、三天去体验，体验过后，再问孩子是什么滋味，当孩子讲完是什么滋味、花了多少时间获得、怎样努力的……把这个全过程体验之后，我就会说："好，咱们体验过了，下个学期就把第一名让给别人吧。"

为什么要这样呢？我们现在培养孩子的是一种占有心，这种思维是错误的，应该让他从爱心、舍心去奉献。我体验过了，我应该让别人也去体验一下。如果孩子下学期又得了第一名，不好意思，再下一个学期一定要把第一名让出去。如果孩子下学期考了第五名，按照原来的思维，他会很不高兴，但现在他就会很高兴：太好啦，成功地把第一名让给别人啦！

拍摄于 2019 年青岛夏令营。

有的家长问我，孩子考了最后一名怎么办？还是同样的方法，对孩子说："你感觉一下考最后一名是什么滋味？你是怎么得的最后一名？老师和同学如何看你？你的信心如何？"跟孩子一起去感受、体验这个过程——所获得的力量最大。然后对他说："孩子，最后一名咱们体验过了，下个学期也让给别人吧。"请问，他下个学期还会考最后一名吗？

对待成绩，我们一起去体验，去成就，去悟，这才是孩子最大的收获。

学生如何超越专业、文凭，从而获得成长？

有位同学想报考北大，但没有信心，她对我说："不知道考不考得上？"我对她说："没问题，你考吧。"我又问："你准备报考什么专业呢？"她说："报考哲学、心理学、宗教学相关的专业。"我问："你有这方面的基础吗？"她说："没有。"她认为宗教学、哲学、心理学是她的兴趣所在，而我则对她说，怎么好考、怎么能进北大就怎么做，所以她的心态就放松了。她想考北大，她的内心想要得到智慧。我说，很简单，北大是中国一流的学校，到北大学习不是简单地学习专业，而是要在那里成长自己的生命。

在我看来，孩子是在学校里成长的，不是简单地学习知识，而是凭借兴趣和天赋在那里发展。所以无论选专业还是选学校，都为了能让他在那里自由、轻松地飞翔。

我们也不一定都选择北京、上海、广州等一线城市的学校，因为我们每个人的因缘不一样，学校和专业是培养生命的，不是培养赚钱的方法和手段的。

那么如何看待一纸文凭，我举个例子你就知道了。我手拿一张纸，比如说这是一张文凭，我把纸放到手掌上压下去，它就变成了讨饭的破筒。今天我们已经把孩子推向了这样的地步，请问，他今后的命运会好吗？今天我们让他读书，就是为了让他可以吃饭、挣钱、生存，你说他未来的命运会好吗？所以，这是在毁灭生命，而不是在成就生命。

表面上我们会认为某个专业好，实际的含义就是读这个专业能找到好工作。你看我们在算计什么？是在算计自己能得到多少。我们活在世界上，实际上是要看我们帮助了多少人。我们选专业、选学校，应该看我们的兴趣点能给人类带来什么，能给社会带来什么，我认为这样的想法才是作为人的想法，其他想法是高级乞丐的想法。

拍摄于 2018 年肯尼亚游学。

成功人士如何获得成长？

把学历忘掉，把我们的身份忘掉，不要说我是亿万富翁，不要说我是高官，这样其实很快就成长了。我们成长得慢，就是因为我们制造了许多条条框框把自己"锁"起来了，把自己框住了，所以会出现很多阻碍。

2012年暑期，我与上海交通大学合作举办夏令营，结束后我坚决不要合作方给我的报酬。我说，能够盈利是你们的辛苦得来的，利益应该是你们的，因为我们赚的是成长而不是钱。智慧的人直接看到了成长，我们要学会这种思维，还要教给我们的孩子，来到这个世界就是来奉献的，而不是来索取的。

凡是奉献的人最后都成功了，凡是索取的人最后都失败了。很简单，因为奉献并不是真的奉献，奉献的都储存到"生命银行"里了。索取也并没有真的索取，只是把自己账上的钱提前支取了，账上的钱少了而已。

有人会说，寂静老师，你的境界很高。我回答他，你错了，根本就没有境界。我是很自私的，连这个现象都看透了，然后所做的事都是对自己有益的、对大众有益的，这不是一件很自私的事吗？这不是一个很自私的人吗？在我看来，这不叫境界。

要想成长得快，需要有名师指路。你去拜老师，若先看他身上有没有挂着价值十万元的念珠，这说明你并不是在拜他这个人，你是在拜他的念珠。你不是想跟他学东西，你是想跟他混熟了之后，把念珠拿走。所以稍微清醒一点，你就会发现人的走向如果不一样，人生的追求就完全改变了。比如说，我花了一百万元去学习，那么我是否要去开豪车、戴名表？那样有什么用呢？享受这种状态，人是不会成长的。

人要有智慧。在我看来，与其存钱，不如直接将钱变成生命。《大学》中已经说了："仁者以财发身"。这就是把钱财拿出去成长自己。"发身"，就是让我们的生命得到成长。愚痴的人以身发财，将道德、人格、修养都丢弃，换成了金钱。你看，这个道理祖宗、圣贤早就讲过了，但是我们并没有领悟和落实。

外在的东西，如学历、工作、待遇等，都是内在成长的外现。其实，拿不拿得到学位不重要，重要的是心灵的成长。当你的内心强大了，今后会比高学历的人更优秀。我们学到的知识只是一个工具，它能让我们成为一个人才，但不能成为一个人物。只有当我们的智慧增长了，我们才会成长，最后才能真正成为一个人物。当我们的精神和能量积累到一定程度，物质财富自然会流向我们。当我们此生只为大众而活，做什么事先为他人着想时，你的内心就会注入宇宙的能量，福报就会源源不断地到来。

我曾说：没有成长，再高的工资都是低待遇（因为自己不值钱，多年后还是那样）；反之，成长了，再低的工资都是高待遇。

拍摄于 2011 年寂静老师行脚途中——抵达普陀山。

2

成长四要素——种子、大地、阳光、时间

　　纵观我们的同学，当年排名班级前列的，十几年过去了，有些人却变得非常平庸。而有些当时成绩中等或者很调皮的同学长大后却变得非常优秀。所以，看一个孩子的未来不要看他当下的成绩，而要看谁能笑到最后，谁就是赢家。

　　通过观察大树我们发现，树木成长需要四个因素：种子、大地、阳光、时间。

五台山中台顶风景，拍摄于 2019 年五台山游学。

若没有种子，没有树苗，怎能看到大树呢？种下种子后，它在一天天、一年年地成长，要给种子空间，要保护好它，不让它被别人砍伐、破坏。

把种子种在土地里，土地中有很多养分、有机物，树根就会吸收养分向上生长。

阳光的照耀和滋养，就是能量和智慧。

树越长越大，根越扎越深，最后长成了参天大树。

这个过程是需要等待的，不是今天种下，明年就能长得很高，要让其自然地成长。

一、种子

如果是一颗小草的种子，它能不能长成一棵大树？

假设孩子就是那颗小草的种子，种子就是他的内在，就是他的爱心与品质。

父母培养孩子更应该重视孩子的内在，内在有力量，将来就会了不得。

如果只把焦点放在成绩上，放在结果上，每天因为孩子成绩不好而焦头烂额。同样，孩子也会很压抑，苦闷都憋在心里，到了一定的程度就会"爆炸"，一旦爆炸了，大多数父母都会认为是孩子出了问题，而不会去思考问题出现的原因是什么。

和大家分享一个楠木与芦苇的故事：

有个农民听别人说种楠木很好，可以长得很高，于是他就去买了楠木种子种下，而同村的人大多都在种芦苇。三个月后，同时种下的芦苇和楠木，芦苇已经长得有一米高了，楠木还不到一尺高。半年后，芦苇长到了两米高，而楠木只有两三尺高，这个农民按捺不住了，觉得上当了，一气之下再也不管楠木了。

其实，这个农民并不了解楠木的特质，就像父母不知道要关注孩子的内在一样。殊不知，长得快的不一定长得高。

孩子的成绩是暂时的，这并不代表他在未来不会超过别人。

要注重孩子内在的品质，未来的成功不是靠成绩，而是看人品，人品好的人就会很优秀、很伟大。

种子是什么？是我们的思想、胸怀、爱、思维模式、境界和高度，是我们整个生命的种子，优秀的人、伟大的人、成功的人都源于其内心有一颗好种子。

拍摄于 2019 年丽江夏令营。

二、大地

种子若放在桌上会不会长成大树？肯定不会。种子长在大地里，树从大地生长出来，树根深深扎入大地才能不断成长。

人从哪里来？从爸爸妈妈那里来。如果我们离开了大地，离开了爸爸妈妈，跟爸爸妈妈没有"连接"上，我们的人生就废了，就断根了。

当我们越来越优秀，例如获得了奖学金，一定要第一时间感恩爸爸妈妈、爷爷奶奶、姥姥姥爷，把奖学金孝敬他们。叶子掉下来会掉入大地，回归大地，树才会越长越高。

爸爸妈妈就好像是南瓜藤，南瓜在藤上才能长大，就像大树要把自己完全扎根于大地才能越长越高一样，人"连接"祖宗、父母，才会有前途。

对企业来说，客户就是大地，利益他们、解决他们的困惑，生意才会越来越好。对国家来说，老百姓就是大地。我们的国家需要我们来建设，我们生在这里长在这里，就要爱这一方水土，当我们成功了，生意做得好了，就要回家乡去报恩，报答百姓对我们的帮助。

一个人只是自己过得好，人生并没有意思。人活的是一种品质，而生命就是一种品质。我们需要大地，祖国也是大地，我们把心放开，我们要为利益更多的人、帮助更多人而活。

我们要在心里装着他人。在办公室，每天多帮助同事做点事情，你的人缘肯定会越来越好。在特别的日子，让孩子带上好吃的，与全班师生分享，培养这种品质就会改变他的种子。对孩子来说，大地就是父母，我们的基础能量来源于父母、老师、同学，甚至全世界的人，以及整个自然万物。

三、阳光

什么是生命的阳光?对于生命来说,能量、爱、赞美、努力、欣赏、感恩、希望、温暖就是阳光。

我们把一棵树种在地窖里,它会存活吗?当然不会。孩子的生命中需要营养,就像阳光,爱、温暖、赞美、感恩就是滋养生命的氛围,你家里的氛围是拥有正能量的吗?

我们有没有给孩子阳光、鼓励、感恩?有没有同孩子分享真理与智慧?这些做法都在潜移默化地影响着孩子的生命。而工作的氛围也是如此,也需要阳光。人只有在氛围、能量场舒服的地方工作与生活,才能更好地成长。

四、时间

给爸爸妈妈们讲个故事:

有一个国王娶了一个妻子,但始终没有后代,后来王后终于怀孕了,但生下来的公主又瘦又小,十几岁了还是瘦小体弱。国王有些不高兴,他指着公主说:"你看邻国的公主,亭亭玉立,面色红润,再看看你……"国王于是召集了所有的大臣,让群臣讨论能让公主快快长大的方法。有的大臣说使劲吃肉,有的说让奇人异士把公主拉长……有一位大臣说,我知道一个方法可以让公主长大,但是要服药 10 年,10 年

拍摄于 2018 年肯尼亚游学。

期间不能与她相见，公主就会和邻国公主一样亭亭玉立，面色红润了。国王相信了他，便让他带走了公主。10 年后，公主果然出落得标致秀美。国王开心地对这位大臣说，你果然没骗我，来，重重有赏！实际上，那位大臣并没有做什么，他只是换了个地方让公主自然地成长而已。

　　我们很多父母都像那个皇帝，心中质疑怎么报了补习班孩子成绩还是没提高呢？去了训练营孩子还是没有变化呢？要知道，成长是一点点积累的，从来不是一蹴而就的。

拍摄于 2018 年内蒙古夏令营。

3

快速成长的六大要素

【导读】

成长的六大要素：一、有伟大、美好、无私的梦想；二、有优秀的老师；三、内求智慧和境界，而非外求；四、有好的圈子（人文环境和自然环境）；五、超常的经历和体验；六、坚持就是胜利。

想要快速成长，第一个要素就是要有伟大、美好、无私的梦想。有家长听我说梦想最重要，便对我说："我的孩子也有梦想，他的梦想是当一名医生。"但我认为这并不是梦想，这叫作目标，因为梦想是大而美的。所以我稍稍做了修改，我说："让你的孩子发这样一个愿：建立一个没有疾病的国度，这便构成梦想了。"梦想要美、要超越、要理想化。"我的梦想是赚 100 万。"这不叫梦想，这叫一个小目标，是梦想下面细化的目标，可以放在梦想里，但是，它比梦想要小。

第二个要素是寻找实现梦想的方法。方法在老师那里，所以要去找老师。如果有一位优秀的老师，我们可以直接去拜他为师，"我想跟随您学习，请您指导我"，这样成长是最快的。

教育孩子也是同样道理，关键是我们要寻找老师，从老师那里明白一些真理、一些方法。我们为了实现自己的梦想，也需要老师。有很多人喜欢攒钱，但我们应该用钱去做什么呢？学习！银行中的存款并不是财富，只有你自己才是真正的财富。只有你的孩子，才是你最大的财富。

成功是什么，我认为是人生的觉悟和安详。我们觉悟了、安详了，就不会在乎有钱还是没钱了。我宁愿做个快乐的乞丐，也不愿意做个痛苦的富人。这就是我人生的定位，所以我才走上现在这条路。

快速成长的第三个要素是不追求外在，这点很重要。我们要把精力、时间、钱财投入到提升自己的事情上去。我曾送给武汉一位房地产商人一本书，并在扉页上写下：财富就是你自己。我们自己才是财富，其他物质是财富的影子，如影随形。形没有了，请问影子还在吗？只要形在，那个影子就在。只要形长，那个影子就长。所以要抓住重要的，抓住主要矛盾，次要矛盾就会迎刃而解。

我们应追求自己内在的提升，不求外在的拥有；只求值钱，不求有钱。值钱最重要，有钱是表面的、暂时的，而值钱才是长久的。有钱是有限的，值钱是无限的。有很多学生毕业后追求高工资、赚大钱。有一次在广东，我对几个年轻人说，你们若要去应聘，我教给你们方法。比如说某个职位工资 1500 元，你直接对招聘的人说，给我 800 元就可以了。这会让招聘的人非常震惊，他觉得真的遇到有境界的人了。而且，他会以最快的速度报告给老板，老板一定会想见见这个人。这是第一句话。第二句话"我到贵公司工作，不是为了挣钱，而是来学习的，是为了让自己成长。"第三句话"我相信贵公司领导是有智慧的，不会亏待我。"

通常被招聘的普通员工，大老板是不会面谈的。但是你若这样做，大老板肯定想见你。大老板绝对很欣赏你，因为没有胸怀的人是不敢这样做的。

说到挣钱，早在 2007 年我讲课时就有人说："哎呀，老师，我要把你讲课的视频制作成光碟，然后到处售卖，你就有钱了。"你说这些人啊……当然他是好心，但主意是"馊"的。有很多人，心地很好，但是境界不够，看不透看不远。请记住，钱财不是攒出来的。

人生的命运往往就在偶然中改变。改变人生的事许多都是偶然的，而不是必然的。我自己的命运就是这样被改变的。我头脑里能够估算出来的事，都没有改变我，而没有想到的事，都是在偶然中出现的。我们大多数人都犯了一个错误，以为不停计算，命运就会改变，其实这是没用的。你总结一下一生中算计好的哪几件事情应验了？可以说很少，或者几乎没有吧。

第四个快速成长的因素：优化自己的圈子。社会可以把人、把孩子逼迫出来，环境可以把人逼迫出来，就是父母把孩子逼迫不出来。想让孩子成才，你越逼迫他越糟糕。怎么办呢？要用"巧劲"。既然社会和环境能把他逼迫出来，很简单，不如为孩子营造一种环境、一种氛围，从而去影响他。如果一个人想成功，对成年人来说，可以把自己投入到一个特殊环境中，让自己故意跳出当前这个环境。

比如我选择一个人去徒步、翻山，没办法，不走不行。要是我不在这个环境中，我就不会激发出这种力量。人处在某种环境中，就会激发出内在的潜能。

把孩子放到一个特殊的环境里去，我们就不用天天去逼迫他了。比如让孩子去大自然中体验，因为天地中有智慧，天地中有灵气。

　　所以，天天逼迫孩子读书绝对是错误的，就好像天天让孩子仅吸收营养而不呼吸氧气一样，孩子的身体能健康吗？人体是一个整体，营养需要均衡。人的一生所需要的营养就更多了，肉体需要营养，内心需要营养，灵魂需要营养。请问，我们给孩子的内心营养了吗？我们给孩子的灵魂营养了吗？并没有！所以我们要动脑筋，给孩子更多的营养。有的家长会说："我不懂那么多，我又没有多少学问。"很简单，让孩子自己去吸收营养。

　　2005 年我跟随师父在云雾寺闭关，非常神奇的是，人静

拍摄于 2019 年敦煌游学。

下来之后，思如泉涌，心绪也安宁下来了。所以要让孩子放松，给他一个自然的、美好的环境，美和乐会生智慧，孩子在美和乐中，他的头脑自然就灵活，考试也会考好。

优化自己的圈子，就是优化环境。你要去引导孩子，为他建立一个优秀的圈子。我体会到，一个人想要成长，最快捷的方法就是把那些拖累自己的东西"砍掉"。砍掉不是不慈悲，而是更慈悲。因为把拖累砍掉以后，我们才能够成长，我们成长了才能够回头帮助他人。你要选好的圈子，而把不好的砍掉。我们活着，就是要保护好这颗心。环境包括自然环境和人文环境，用几个字概括——眼、耳、鼻、身、意。

现在请打开你的手机，看看朋友圈中哪些人该删掉。一定要做这个工作，把那些负面的，拖累着我们不能够升扬的人删掉。

第五个成长要素就是体验和经历。成长不是我们读几本书就可以达到的，而是要去体验、经历。我们发现孩子有些自卑怎么办？反方向去做，让他去体验。比如说孩子过生日的时候，给他钱让他自己做主，让他自己去请同学们参加生日会，这是在锻炼他的组织能力。所以，一切都是工具，一切都是方法，关键看你怎么用。有人说，那不是让孩子变坏吗？不会！让他自己动脑筋去安排，你在旁边静观就可以了。

拍摄于 2017 年敦煌游学。

你可以协助他，但不要代替他。

你要带孩子去认识优秀的人。你讲一天，但比你优秀的人讲半个小时就够了。即使不讲，让他去感受也可以。让他去经历，他就会成长。如果有机会，让孩子在众人面前演讲，这也是一种经历。你不要想这有什么作用，就让他去经历就可以了。到处都是营养，孩子自然就可以吸收到，他能吸收就吸收，不能吸收无形中也会受到影响。

但要记住，不要把孩子娇惯坏了。

第六个因素就是坚持。持续不断地坚持，坚持前面五个因素，并且继续坚持，就这样循环起来。

　　成长是不能休息的、不能停止的。工作可以放假，学习可以放假，成长不能放假。我们整个生命的成长是不能停止的。

拍摄于 2018 年肯尼亚夏令营。

我在自然中受到很多启发，万物中有很多无形的力量，它带给我很多智慧。有一次在非洲的肯尼亚，我在大自然中给孩子们讲课，我看到草坪上有一棵树，我就对大家说："让我们进入这棵树吧。"很有意思，那是一次超常的体验，当我们进入这棵树的时候，很多人都流泪了。因为每个人都成为了那棵树，生命在那一刻完全转化成了那棵树，我们能感觉到它的枝和叶在生长，感觉到生命的存在。

如果只是说教不要去砍伐树木，是没有力量的，但当我们体验到树也是生命，当我们去砍伐它的时候，就会感同身受。我们对大众不能感同身受，就很难深刻沟通。我们对顾客没有感同身受，就不容易做好生意。我们对学生没有感同身受，便不能进入他的世界，体会他的感受，我们想教好他们就会力不从心，因为我们跟他们是对立的，而不是一个整体，所以教与学应该成为一体的两面。

在这里我想再次强调，跟孩子沟通的方法有两个：第一就是跟孩子成为同一个"物种"，第二就是跟孩子活在同一个世界。

当我们和孩子都把各自身份放下的时候，都成为同一个人的时候，就好沟通了。作为老师和父母，我们也要变成小孩来跟他沟通，因为让小孩变成大人，他没有那个能力，所以只有做父母的变成小孩。

　　跟孩子身处同一个世界，这个"世界"是精神世界，而不是物质世界。你会发现，不在同一个精神世界，两个人是没法沟通的。代沟、对立、逆反，在我看来是不存在的，只是因为我们处在不同的精神世界中。孩子有孩子的精神世界，孩子就爱玩玩具，就爱玩水，我们可能不喜欢。孩子喜欢的那些歌星，我们大人可能就不喜欢，如此当然无法沟通了。

　　让孩子的生命丰富而美好，富有正能量，这一点很重要。

拍摄于 2016 年南极游学。

4

比起知识，孩子更需要境界和智慧

【导读】

农耕时代，男人就是力量，田地和牲畜就是财富。工业时代，知识就是力量，技术就是财富。后工业时代，科技就是力量，众智才是财富。信息时代，信息就是力量，眼光就是财富。当今时代，信念就是力量，智慧就是财富。未来时代，境界就是力量，觉悟就是财富。

知识就是力量，这句话是否已经过时了？如今，我们头脑里的知识还少吗，可是力量在哪里？没有智慧，知识只是美丽的垃圾。

在进入这个话题之前，我们一起来了解人类的发展趋势。只有看到趋势，顺着这个趋势，人才能生活得更好。我们都不知道时代要往哪里走，只管闭门造车，我们想的是一样，而时代是另一样，这便是脱节的。

农民种地必须了解四季和节气的变化，依据自然规律进行播种，这样才会有收获。如果我们不了解季节的变化，一味妄想，自以为是地去播种，结果当然是颗粒无收。

农耕时代，男人就是力量，田地和牲畜就是财富。工业时代，知识就是力量，技术就是财富。后工业时代，科技就是力量，众智才是财富。信息时代，信息就是力量，眼光就是财富。当今时代，信念就是力量，智慧就是财富。未来时代，境界就是力量，觉悟就是财富。

世界在变，我们不能不变，不能再对孩子说"知识就是力量"了。我们头脑里装的知识还少吗？可力量在哪里？我对研究生、博士生们说："你们的知识还少吗？可是你们的力量在哪里？你们对未来充满了恐惧，都不知道能在哪里生存，没有立足之地，力量在哪里呢？"

我认为，在今天，信念才是力量。我们已经进入一个智慧的时代，并且正在从智慧的时代进入灵性时代，进入精神时代。

我们不能仅局限于现在这个时代，我们需要紧跟时代的步伐。如果我们落后于时代，我们还能抓住什么呢？我们跑在汽车的后面就得到尾气，跑到汽车前面就得到空气。所以在未来的时代，我们要了解境界的力量。没有境界就没有力量，没有力量生命就无法推动，企业就无法前进。境界才是力量，觉悟才是财富。在未来的时代就是比谁更有境界，比谁能觉悟宇宙和自然的真理。我们要知道未来的世界是什么样，我们要开始向这个方向走。

有人曾问我，"为什么我感觉自己学到的东西越多，越觉得自己什么都不知道；接触的人越多，越觉得自己孤单。现在再去招聘市场的时候，会觉得自己不知道该干什么。现在自己还没有发挥出自己的价值，物质上也比较缺失。"

我告诉他我的看法：第一，知识是专用的，智慧是通用的。这个时代应该学习智慧。第二，学什么都必须要有老师，老师指导我们看什么学什么，这样可避免我们消化不良，造成消化系统疾病，反而变成营养不良。所谓越学越迷茫，就是因为没有消化，没有进入智慧。当我们的领悟能力和消化能力强大了之后，所读的书都将成为贡献。当我们的领悟能力和消化能力不够的时候，所读的书都将成为障碍。

如果我们学到了智慧，则越沉淀就越有效果。随着时代的发展，我们的知识很快就会过时，知识只是一个工具而已，真正智慧的人会善于利用自己所学的知识和上天赐予的福报，来创造属于自己的财富。

拍摄于 2018 年南极游学——伊瓜苏瀑布。

5

人生顺利的四件 "法宝"

【导读】

命运的基因需要四件 "法宝"：心灵的忏悔、对他人的宽恕、时时的感恩、美好的祈祷。

第一件法宝：心灵的忏悔

人为什么年纪越小活得越快乐，年纪越大活得越痛苦？因为越长大，生命中的污染就越多，而又没有得到清洗，所以就越痛苦。

我们每天都洗脸，可好多人一辈子都没洗过心，心中充满 "垃圾"，难免痛苦不堪。比如说，我们今天和爸爸妈妈吵架，吵完架心就被污染了，可是我们并没有及时去清洗；明天和同事又闹翻了，心又被污染，又没有清洗；在背后中伤他人，或对社会不满……这颗心就在不断地被污染，年纪越大，污染得越深。

只要是凡人，就一定会犯错。但是，即使我们犯过错、犯过罪，都不重要，只要我们学会清洗。清洗心灵世界的方法就是忏悔。

比如，一条洁白干净的毛巾被拿去擦上了机油，又擦上了颜料，当然会变得很脏很难看，人人见了都会嫌弃。但是不管它如何脏，如何难看，改变的只是毛巾颜色以及棉花空隙的填充，棉花的本质从来都不曾改变。所以，只要用特别的方法和洗涤剂，毛巾依然可以还原洁白与清净。我们的过错就如同这条被弄脏的毛巾，在凡人的眼中一定认为不可救药了，唯有放弃。但在圣贤的智慧中，这是生命成长过程中一时迷失的正常现象，只要觉悟，愿意清洗，并找到清洗的方法，一切都是可以回归清净的。

因为迷途知返，知道如何去清洗，还可以帮助更多的人觉悟、少走弯路，从而成为一种德行。

第二个法宝：对他人的宽恕

忏悔是对自己，宽恕是对别人。宽恕是原谅别人的错，不再把别人的错放在自己心中。所以忏悔和宽恕是用来清理两种垃圾的：忏悔是清理自己的垃圾，宽恕是清理自己拿回家的别人的垃圾。你家的垃圾请你自己拿走吧，不拿走我就扔掉，我才不会帮你收藏呢！

宽恕就是面对那些曾经对不起我们的人、伤害过我们的人、刻薄对待我们的人、得罪过我们的人，原谅他们的过错。

第三个法宝：时时的感恩

要报答国家的恩、父母的恩、老师的恩和他人的恩。一个人心中有多少恩，就有多少福；心中有多少怨，就有多少苦。对于与我们有怨的人，要去宽恕。对于与我们有恩的人，要去报恩。

如果你对自己的孩子不好，却对孩子的同学特别好，有人说我这是大义灭亲、舍己为人。这正常吗？符合自然规律吗？今天有好多人都在违背自然规律：对自己身边的人不好，却对远处的人善，我认为这是伪善！

所以第一个要关心的，就是你的父母、伴侣和孩子。如果你有下属，要关心下属。如果你是老板，就要把员工照顾好。凡是对你有恩的人，都要去报答。在你困难的时候，谁帮助了你？在你迷茫的时候，谁为你指过路？在你交不起学费的时候，谁帮助了你？不要把钱捏得那么紧，哪怕把钱全部用完去报这些恩，都是值得的！

这些方法都是让我们变得值钱，而不是让我们有钱。但只要值钱，就一定会有钱！人一旦把这些事都做到位，成长就会很快。

我发现了一个不是秘密的秘密：当一个人心中的恩越多的时候，人追求的两个东西自然会到来。

第一个就叫幸福。当一个人心中恩越多的时候，这个人所获得的幸福自然就越多。当心中怨越多的时候，这个人感受到的苦就越多。像我们做父母的，如果心中都是怨，那就会苦，而这种苦和怨就会传递给孩子，影响孩子。

我们心中恩越多的第二个好处就是拥有的财富越多。所以，我们心中没有财富，外在就不会拥有财富。要想心中有财富，很重要的一个工作就是时时地感恩，处处地感恩，对万物感恩。比如，当我们带孩子去大自然中的时候，我们一定要感恩树、感恩山、感恩石头、感恩水、感恩太阳、感恩草、感恩花、感恩万物！

第四件法宝：美好的祈祷

我们要常常在心中对着自然、对着圣贤、对着祖宗、对着父母，祈祷自己的心愿，祈祷最美好的东西。

当我们闭上眼睛，就像在"连网"，把美好的东西，如平安、喜悦、吉祥都"下载"下来。

祈祷时是需要信心的。我们常说"心诚则灵"。用科技的语言来形容，虔诚和信心就是网速，十足的信心就是宽带，半信半疑就是拨号上网，没有信心就是断线！

这些工作是必做的，不是每天做一次，而是时时刻刻都要做，这就是一种修炼。按照这几个方法去修炼，不仅简单，还绝对有效！

拍摄于 2018 年肯尼亚夏令营。

6

生命中奇迹不断的四个通道

【导读】

宇宙中有许多不可思议的奇迹，远远超出我们的想象。而我发现有四个通道，可以产生奇迹。我就是这样奉行的。

记得2012年9月我们在华山开会的时候，我们会赞美树、赞美天、赞美地、赞美华山，我们也会去拜树、拜山、拜地。

第一个通道：坚信宇宙的规律、宇宙的力量

第一个方法就是要坚信宇宙的力量，并且要去感受这种力量。坚信宇宙的智慧是圆满的，坚信宇宙中的能量是无尽的、财富是无尽的。

如果你去思考生命，你就会发现最大的秘密就是生命，

最大的财富也是生命。所以我们要带领孩子和自己，回归到生命中来。

做父母要知道最强大的力量在哪里。父母都望子成龙、望女成凤，可是你要先判断孩子是不是龙的种子、凤的种子，这才是核心。父母要做的最重要的工作，就是转变自己和孩子的"基因"，这个"基因"就是命运。改变自己的命运，便是改变孩子的命运。当孩子和我们的命运改变以后，他会自然而然地转变。这种转变不是我们可以去追求或是想象的，更不是可以去算计的。

第二个通道：大爱一切万物

我们每个人要大爱一切万物，还要教孩子爱一切万物。爱的方法也很简单，就是呼喊出来，另外还要用行动表现出来，要真的去爱。

让我们蹲下来对大地说：大地我爱你！请用心去这样做，用心去体验。比如对一朵花说我爱你，然后用心去感觉这朵花，它会对你有所回应。而这个回应就会改变我们的思维和心智，改变我们内心的能量和智慧，以及改变我们的命运。

第三个通道：祈祷美好

祈祷与祝福是一体的，对父母或每个人来说，这两点非常重要，我们一定要学会祈祷和祝福。

孩子考试分数的高低不是我们能决定的，那么对于我们不能够把控的事情则采用一种方法，那就是祈祷。比如"我祈祷宇宙来帮助我，让我明天的考试超水平发挥！"这便是在祈祷宇宙的力量。

另外，还要学会祝福。不仅要学会接受别人的祝福，还要学会祝福别人。这两点很重要，并且比分数重要得多。

当别人夸奖、赞美我们时，我们通常会否定自己，比如有人说你今天气色很好，你会回答："哎呀，一般。"有人夸奖你很优秀，你会说："哎呀，我很平庸。"这样的回应，便将别人给予你的正能量拒之门外了。从今以后，凡是有人夸奖你、祝福你，你都要说："谢谢你，感恩你的鼓励。"或者说："我做得还不够，我愿意像你说的那样去做。"这样便是在接受他人的祝福。当我们学会了不断地接受祝福的时候，你会发现你的生命开始改变了；当我们祝福别人的时候，我们的生命也开始改变了。

当孩子去考试的时候，我们要当面为他祝福。当孩子离开我们的时候，我们一定要为他祈祷，同时为他的同学、老师祈祷。而作为同学们则要为自己祈祷，为同学和老师祈祷，为爸爸妈妈祈祷，为我们整个社会、整个国家、整个世界，为全宇宙祈祷。

第四个通道：分享生命所有

生命中的一切都是拿来与他人分享的，生命中的一切都是无法拥有的。

我们很多人都想拥有房子、车子，拥有财富和地位。实际上这些是没法拥有的，只能分享。生命只是一个通道，让一切从我这里流过。当钱财从我这里流过的时候，我知道我是一个通道，是通过自己把钱传递出去。同样，生命也是通道。当我们学会知识、拥有智慧的时候，我们更要去分享。

拍摄于 2019 年丽江夏令营。

7

用 梦 想 给 成 长 定 位

你有没有发现，曾经比你优秀的人，现在却没有你成功或幸福。就像跑步一样，刚开始跑在前面的人，不一定会在最终取得胜利。所以，当你种下楠木的种子时，当你在心里生发一个伟大的梦想时，请不要着急。一个有能力的人，他的优秀并不仅仅体现在现在就读于哪所名牌大学、成绩如何优异，而在于他具备怎样的品质和拥有怎样的梦想。梦想决定了一个人的种子是楠木还是芦苇，只要是楠木的种子，未来就一定长得高。

人生真正的美好不是因为已经美好，而是因在内心一直保存着一个美好的梦想，并且坚信和向往。

第四章

帮助孩子成长的秘密

拍摄于 2017 年百花湖夏令营。

1

《能量朗读——让世界因我而美丽》

【导读】

《能量朗读——让世界因我而美丽》一文，被广大读者誉为"秘密背后的秘密"，是帮助孩子成才的助力，众多孩子因此而改变。事实证明，让孩子经常诵读它，会获得意想不到的效果。

一、

我知道，我不是因为偶然才来到这个世界的，我是主动想来的，我是为了继续伟大、美好、无私的梦想而来的，我是为了通过各种苦乐顺逆的体验来历练自己而来的，并由此完善、成长和提升自己。

我是因为爱这个世界才来的。

所以，我将用全然的爱来接受这个世界，并用全然的爱让世界更加美丽。

我深深地知道，物质不能让世界美丽，唯有美德、智慧与爱才能；物质不能拯救人类，唯有美德、智慧与爱才能。

我要让世界因我而美丽！

二、

我知道，我所有的长处都是源于父母及祖宗的优秀，但它不是我炫耀和自私的资本，它是上天与祖宗赋予我利益大众的工具；它是我展示生命的伟大、美好和无私的途径。

我知道，我的缺点和不足不是我的自愿，那是因为，我是从有缺点和不足的爸爸妈妈而来的。

但我知道，选择这样的爸爸妈妈，是我的自愿。我选择的目的，是要来到这个世界，与我的爸爸妈妈一起学习和提升。

所以，对于这些缺点，我不抗拒，我全然地接受，我要通过今生的自省、忍受和努力来弥补。

我想对爸爸妈妈说：爸爸妈妈，我来到你们身边，就是希望帮助你们改变，也希望你们接受我、容忍我。我愿意从今天开始，不再用完美要求你们，也请你们不再用完美苛求我。

我是你们的一部分，我们是一个整体。让我们一起改变，改变才是力量，让我们一起用包容让生命美好，让我们一起用爱让世界美丽。

三、

我要对自己的生命负责。

我知道，决定我生命的主因的人是我自己。

没有命运，只有选择，选择我的念头、语言和行为；没有命运，只有创造，创造生命的喜悦、美好和神奇！命运是一个个选择连接起来的轨迹，命运是不断创造累积起来的总和。

我活在这个世界，就是为了改变这个世界。我知道，爱是一切创造的源泉。我要用全身心的爱来对待今天——每一个人，每一件事，每一株小草，每一粒石子……

我要用全身心的爱来迎接美好的明天！

四、

每个生命都是由身体、大脑和心灵组成的，就像一个礼物，里面比外面珍贵，内容比包装珍贵。

我的大脑里装着什么，比身体的长相和穿着珍贵，而我心灵的美德、胸怀、智慧和境界，比大脑里的更珍贵！

所以，我要重视心灵的净化和提升。

五、

从今天起，我要高高地放飞自己的梦想，积极乐观地生活和学习。

上天从来没有规定我此生将是什么样的，父母也没有规定我，老师也没有。

一切万物都没有规定我能做什么、不能做什么，必须成为什么样的人、不能成为什么样的人。

上天把一切的主动权交给了我，它从不控制我，从不决定我，它让我自己决定自己的梦想，然后无私地帮助我、成就我。

就像天地从来就没有决定一块土地里要长出什么。农夫播种了一粒苹果的种子，天地就会用全部的力量来帮助它长出苹果；农夫播种了一粒花椒的种子，天地就会用全部的力量来帮助它长出花椒。

我知道自己的梦想有多么重要。

它就是一粒种子。无论我有什么样的梦想，天地都会来帮助我、成就我。

如果我是一粒小草的种子，天地就会帮助我成为一株小草；如果我是一粒鲜花的种子，天地就会帮助我开出一朵鲜花；如果我是一粒楠木的种子，天地就会帮助我成为参天大树。

我要成为这世界上一粒最美丽的种子，让世界因我而美丽！

六、

我知道，我的心是一个发射站，我心中的每一个念头都会像无线电一样发射到整个宇宙，从而影响整个宇宙，对天地万物产生正面或负面的作用力。我会因此得到一个反作用力，这就是命运。

我知道，心在哪里，命就在哪里；心是什么，命就是什么。所以，从今天起，我要用心中无限的创造力来影响世界！

我也知道，世界是我心灵所投射出的影子，就像电影是胶片投射的影子一样。

我生命的一切好坏、顺逆，都是我心中的念头所呈现出来的假象，我是什么样，它就是什么样。世界就像是我的镜子，我要通过改变自己来改变世界！让世界因我而美丽！

七、

我知道，生命是上天赋予我的最大财富，我是自然中所有的奇迹中最大的奇迹。

曾经，有一个善人在春天分别给了两个乞丐一间破房子和一块空地，可是到了秋天，一个懒惰的乞丐因贫病而死，而另一个勤劳的乞丐却富裕安乐。

在宇宙中，每一个心灵都像是乞丐，四处漂流，天地就是善人，给予我一间破房和广袤无垠的空地。那间破房就是我不完美的身体，而那块空地就是我无边的心灵。

我知道，只要我用勤劳播撒智慧与爱的种子，就一定会有硕果累累的明天。

从这一刻起，我要用无限的信心展望未来！

八、

我知道，生命中最珍贵最强大的就是心灵，而心灵的寄托和营养就是坚定的信仰！

所以，我要从现在开始，建立自己的人生原则，从原则升华成信念，再从信念升华成信仰。我知道，当我的生命开始依靠一个卓然的信仰时，我的生命自然就会卓然。

我今生要把我美好而坚定的信仰传播给那些迷茫的人，

让他们也因此觉醒和伟大！我要把喜悦带给那些苦难的人，让他们因此幸福！我要把智慧和真理带给那些黑暗中的人，让他们重见光明！

这就是我努力学习、成长、吃苦和忍受的动力！

我要带着希望，怀揣梦想，我要让自己像花一样绽放，我要让生命因我而飞翔。

我要让世界因我而美丽！

我要让世界因我而美丽！

我要让世界因我而美丽！

拍摄于 2017 年南极游学。

2

不费力就能改变孩子

【导读】

事情的结果取决于我们的用心，而非事情的大小。当我们成长了，问题就变小了，因为成长是解决问题的关键方法。当我们遇到问题时，要抓紧时间去成长。营造良好的氛围和感觉，用梦想去激发我们内心的潜能，为生命增添能量。

在青岛举办的夏令营非常圆满，大家在一个巨大的能量场中接受洗礼，为生命增添能量。对于活动的承办方来说，付出是表象，收获才是本质。任何一件事情的成功都是由很多因素共同完成的，义工，讲师，还有每一个学员，无论讲课还是听课，每一个人都参与进来。当然每一个人的收获也是不同的，实际上收获的大小不是跟一个人参与的深浅有关，而是和他的用心程度有关，就像太阳普照大地，太阳能吸收板大，接收到的太阳能就多；就像下雨，用大盆接的雨水就多。所以做任何事情，收获的大小取决于我们的用心。

用心有两个标准：

第一，谁的初心越纯，谁的收获就越大；

第二，谁的用心越多，谁获得的能量越多。

我认为，一个人在世间的所得，即他的财富、喜悦、智慧、能量和生命的价值，与其从事的工作没有多大关系，而是与他的发心有关。

现在我们一起来总结一下：

第一，我们要记住，人生80%的问题都是因为没有梦想。我们总说自己的问题很多，可问题的根本是因为我们没有梦想。

由此便知道如何去解决我们的问题：成长是解决问题的重要方法。当我们长大了，问题就小了；当我们变"小"了，问题就大了。

我们站在地面上抬头看天上的飞机，会觉得飞机很小，可是当我们钻进飞机中却发现飞机很大。问题也是一样，你跳出来它就变得很小，你钻进去它就变得很大。看别人的问题总是较小，看自己的问题就比较大，这是因为自己钻进问题中而跳不出来。但是当我们成长了，从问题中跳出来再去看问题，问题就变小了。所以成长是解决问题的重要甚至是唯一的方法，我们不用急着去解决问题，而是要抓紧时间去成长。我有了这样的认识，所以我的人生目标就是成长。

第二，人必须活在好的氛围中。我们在家庭中要建立好的氛围，这对我们自己、我们的父母、我们的孩子，都有百利而无一害。

我们要保持家庭的喜气与和气。如果一个家庭中氛围不好，孩子就会出现问题，要解决只能改善家庭氛围。打个比方，我们要把卫星发射到天上去，却忘了给它安装燃料，即使邀请了一位非常知名的专家来启动发射按钮，结果也可想而知。孩子就像火箭一样，虽然这艘火箭制作得非常精密，我们天天都梦想将它发射成功，但请记住，孩子的"燃料"就是家庭的氛围、家庭的能量、家庭的和气，以及我们对他的鼓励、爱和赞美。如果我们不为它经常增添能量，还经常鞭打火箭，难怪它发射不出去。

有一个禅宗故事：一头老牛拉着车子，车突然停了下来，车夫就拼命打车子。请问他该打牛还是打车呢？车夫把车子都打坏了，车子仍旧一动不动。因为他打错了，他应该去打牛，打车又有什么用呢？同样，在我们的家庭中，谁是牛，谁又是车呢？

第三，感觉是心灵的语言，感觉是真实的生命。不论你从事哪种职业，其实都是在体会一种感觉。假如你是售货员，你会发现顾客对你的感觉好，你的业绩就高。你会发现人就是活在感觉中，活在各种意识中，活在美、乐、爱、觉中。在现实中想要解决问题，就要注重去创造一种感觉。

我们若没了感觉，孩子便没了感觉。孩子为什么总不愿意回家？因为他对家没感觉。为什么爱人不爱回家？因为爱人对家没感觉了。

对孩子来说，重要的是他有没有真正感觉到你给他的爱，在家庭中是不是给了他这种非常美好、安全的感觉。所以感觉是诚实的语言，感觉是真实的生命。孩子哪里出现问题了，生活中哪里有问题了，都是感觉在告诉我们哪里需要改变了。

第四，梦想。一个人有了梦想，生命才会美好；有了梦想，生命才有力量；有了梦想，生命才有希望；有了梦想，生命才有了未来。梦想可以激发我们内在的潜能，让我们爆发出内在的潜力。

最后，背靠"宇宙级"，成为"世界级"。我们本来就是宇宙中的一份子。我们的心还要同宇宙连接，还要依靠宇宙，因为宇宙中有无穷的慈悲、无穷的能量、无穷的智慧、无穷的财富。所以我们要把自己的心放大。冥想自己同宇宙中无穷的智慧融为一体。虽然这个时候我只是宇宙的一个缩影，但是我的内心直接融入到宇宙中。回到宇宙中去，就是天才；回到自己身上，就是人才。回到宇宙中，总是不明白的问题也会弄明白。

宇宙带给我们的是自然的规律，所以背靠"宇宙级"，就是要依靠自然的规律。相貌就是自然的规律，五伦也是自然的规律。我们应该对父母尽孝，应该去尊敬老师。在这个世界上有很多的圣人、贤人，他们的心已经跟大自然合为一体了，当我们去依靠他们的时候，我们也能获得一种力量。我们想拥有智慧，那么就要向历史上已经证明过的人去学习；我们想拥有财富，就要向历史上富有的人去学习；我们希望自己喜悦，我们就看看这个世界上谁是永远喜悦到底的，我们就知道向谁学习最可靠。

拍摄于 2016 年肯尼亚游学。

3

体 验 自 然 的 恩 典

【导读】

当一个人感受到的恩典越多，回报就越多，财富就越多，喜悦就越多，顺利就越多，美好就越多，吉祥就越多。所以，我们通过组织一系列的活动，来让大家体验自然给予我们的恩典。

体验活动一：进入大树

2012 年 8 月，寂静老师带领孩子和家长去非洲肯尼亚游学。通过这次活动，让大家在广阔的天地间感受自然的恩典，看到世界与生命的神奇与精彩，领悟宇宙中的奥秘。在大自然的课堂上，寂静老师带领大家做了一场体验"进入一棵大树"的活动，去想象融入大树中的感觉。

寂静老师：请大家想象一下，我们自己就是一棵树，在天地间，在风雨中，这是一种什么样的感受。请用心去想象我们的根深深地扎入大地，我们的枝叶伸向空中，在阳光的照耀下，在风中自然舞动。请大家再去感受，作为一棵树，它为人类、为大地带来了什么？

【学员分享】

学员1：（流着眼泪）我很感动，我被这棵树感动，我被大自然感动。

寂静老师：请大家用心去体会她的感受。你看这棵树，它的存在就是一种状态。当一个人进入这种状态的时候，他便是绝对的自在和解脱了。所以恭喜这位学员，她进入了这种境界。

学员2：我是一棵树，我希望在这片非洲的大地上，所有的鸟儿都来到我这里，在我的身上筑巢。我愿意用我的枝干为它们撑起一个家，用我的绿叶为它们做屋檐，让它们在这里欢乐地生活。

寂静老师：她的感受很美对不对？在这里我们所感觉到的、所触摸到的、所看到的，都将会成为我们的命运。我们从她的描述中可以看到，她的命运是非常美好的，因为她懂得看见美好。

学员 3：作为一棵树，在这么美丽的环境里，我觉得我不应该只顾自己成长，然后不停地炫耀自己，让别人觉得我有多么厉害。如果这样，我自己就无法成长，这样的生活将会是孤独和冷漠的。我应该与这个团队中更多的人一起成长，共同温暖、轻松地长大。

寂静老师：学习到的进入头脑，而心灵感受到的直接进入生命。学习思考到的在头脑中，头脑不会影响命运；经历和心灵感受到的进入生命，会影响命运。当然这两种状态都好，但是仍有区别。你思考得很好，为你的思考鼓掌。

学员 4：我是一棵树，我沐浴着自然给予我的阳光和爱，我全然接受。我是一棵树，我把接收到的能量再传递给自然万物。

学员 5：我是一棵树，我自然、安静地站在这里，我只做我自己。我和天地万物是那么和谐。无论发生什么，我都不抱怨，我就静静地站在这里，和自然合为一体。

学员 6：我是一棵树，我站在天地间。我努力地将枝干伸向天空，接受来自太阳、雨露的恩典。我要为这个世界绽放，绽放绿荫，绽放茂盛，绽放心意，绽放生机。在我一季一季的生命当中，我留给这个世界的将是更多的肥沃、更多的茂盛、更多的生机。我要让这个世界因我的存在而美丽。

寂静老师：当我们进入这棵树时，你真的在用心进入它，你会感觉到它的美。这种感觉是非常美好的。在与同学们分享时，当我们用心进入这棵树时，你都会有这种感受。

学员7：我被大自然和这棵树无私的爱感动了。我们每个人都能接受到树的阴凉，感受到树的叶子，能够抚摸到树的躯干，最后我们也都能体味自然与人类的仁爱之心。

学员8：老师让我们观想自己和树融为一体的时候，我就观想到自己好像真的进入了这棵树，和这棵树合二为一了。同时我也感觉到这棵树向往着自由、自在，就如同我们人类一样，和我们无二无别，我们也在追求着快乐。此时我突然有了一种使命感，我不但自己要追求幸福，还要引领大家追求幸福和智慧。

学员9：我是这棵树，我感觉很庆幸，因为它展示了一个生命。我是这棵树，我能够为别人遮一片阳光，在炎炎夏日里为路人提供一片绿荫，我知道这是我存在的价值。

学员10：如果我是这棵树，我很感恩大自然，因为是它安排我站在这里，然后让大家来进入我。我是这棵树，风来了我就歌唱，雨来了我就跳舞，我感觉特别美。最后我想感恩我的根，因为它扎得深，才能让我的枝叶伸向天空。

学员 11：这是我第一次拥有这样的感受。以前我在教育孩子时碰到一些问题，我自己也有一些感悟。而这次寂静老师的讲解，让我感觉好像获得了一盏指引明灯。就像老师说的，关键是自己有没有跟万事万物、跟大家融入。如果我们学会了跟万事万物、一草一木，学会了跟我们的孩子、家人、同事，跟宇宙中的一切物质融入，就没有"我"了，那个时候自己就变强大了。

寂静老师：只要你心中"有"，不在于你能不能表述出来。你直接进入就可以了。禅师来了，他不说话，只是眨眨眼睛，挤挤鼻子，喝杯茶，就交流完了。因为心是通的，心完全融合在一起。所以有时候不要担心我们表述不好，怕的是我们的心中没有。心中没有，编故事也没用。心中有，即使你不会表述，大家也是心意相通的。

学员 12：我是一棵树，我想跑，我想跳，我还想说话，可是我来到这个世界是有使命的，我要给大家带来快乐、幸福。我要为别人遮阴，吐出新鲜的空气。我要把我的好处给予大家。

寂静老师：听了以上同学的分享，我们就可以找到问题所在了。孩子不听话，好多家庭问题不好处理，很简单，就是因为我们进入不了。我们和孩子是分离且对立的，所以彼此无法进入。

学员 13：在我心中，我认为现在的我就是这棵树。我既不羡慕别的树，也不嘲笑别的树，我就是我。我会去绽放自己的生命，接受自然的安排，发挥自己的作用，这就已经足够了。我还领悟到，其实人所有的烦恼、问题，都是在自己心中生发出来的，并不是别的东西带给我们的。我们只要像这棵树一样，去接受就好。

学员 14：现在我想向我的孩子忏悔，他现在做的事是我没有做到的，他在承受因我的错误而带来的痛苦。在这里我还要向曾经带给他们不愉快、烦恼的人道歉。

学员 15：当我进入这棵树的时候，我觉得我的根扎进大地吸收它的能量，我的树叶吸取阳光的能量，然后再产生新的能量，为他人服务。我只是静静地成长，没有别的需求。当秋天到来树叶枯黄的时候，我还能够产生能量。当树叶落下，很多人认为这是一个死亡的过程，但我觉得我落在土地上会产生更多的营养来滋养其他生物。事实上，这个循环的过程就是我不断造福万物的过程。

之前我来过肯尼亚，这次带两个孩子来的初衷，就是希望他们去近距离地接触当地的马赛人，让孩子们能有所感悟，能够直接深入马赛人的生活，然后让孩子们真正从心里生发出他们自己的东西，而不是我去灌输他们一些东西。

在这里首先感恩寂静老师，让我们有机会把孩子带到这里来。说实在的，如果不是老师带领我，可能这个念头就没有了。其实我很恐惧分享，今天是我第一次有勇气站起来分享。实际上这个力量来自我的孩子，我要向他忏悔，因为我一直要求他融入这个环境，但实际上我自己都没能做到。所以是他让我有了勇气去分享，谢谢你，孩子，谢谢大家给我这个机会。

寂静老师：我们从她的分享中就能感受到她的精神世界。而今天的人们普遍关注的是什么呢？文凭、豪车、房子、存款，我们看的都是物质世界。但我们要知道，如果我们跟大自然的关系不好，就看不到世界的美丽；我们跟国家的关系不好，就得不到生命的安全；我们跟万物的关系不好，就得不到万物的包容。

所以，我们冬令营、夏令营的主题就叫作"自然的恩典"。其含义为，我们要改善与万物的关系，当这种关系改善之后，我们就会得到祝福、获得恩典。当得到恩典和祝福以后，我们就会发现奇迹出现了。

我们吃饭前要念感恩词，要用心念，而不是用嘴念。如果我们不做感恩，我们就感受不到自然的恩典、国家的恩典、世界的恩典、万物的恩典。一个人看不到万物的恩典，就是跟万物的关系不好，请问，他的命运会好吗？当然不会好，这个人绝对不会拥有财富，也不会拥有幸福。记住这句话：看到即得到。

《有情无情》

如果你爱万物，万物也必将爱你，这就是魅力；

如果你不伤害万物，万物也必将不伤害你，这就是平安；

如果你珍惜万物，万物也必将珍惜你，这就是长寿；

如果你施恩万物，万物也必将施恩你，这就是幸福；

如果你心怀万物，万物必将归属于你，这就是财富；

如果你敬重万物，万物也必将敬重你，这就是尊贵；

如果你拯救万物，万物也必将拯救你，这就是遇难呈祥；

如果你自恃尊荣，以万物为敌，万物也必将以你为敌，这就是自取灭亡。

万物本无情，因有情心而有情；万物本有情，因无情心而无情。

拍摄于 2016 年肯尼亚游学，学生们和马赛人一起跳高。

体验活动二：我是大地

2013 年的冬令营活动，我们带领大家体验"我是大地"。1000 人平躺在草地上，尽情接受自然的恩典。

张开双臂，静静地躺在那里，让自己进入一种睡眠的状态。中间的这座花台，我们想象它就是自然的中心、能量的中心、世界的中心，我们每一个人就像可爱的孩子，紧紧围绕着这个世界的中心、宇宙的中心躺下。我们是这么的安全，我们是这么的自信。

拍摄于 2019 年张家界夏令营。

　　看一看天上洁白的云彩，望一望此刻的天空，想象自己是一个刚刚出生的婴儿，降生在这片温暖的大地上。我们什么也没有带到这个世界，我们却一下子拥有了整个世界。我们有亲爱的爸爸妈妈，我们有亲朋好友，我们一下子拥有了日月星辰，山河大地。我们没有为这个世界创造什么，我们却享受着这个世界。我们有饭吃，有水喝，有新鲜的空气可以自由呼吸，有嫩绿的草坪任意玩耍，我们有房子住，有衣服穿，我们可以上学，可以读书，我们有钱可以花。我们太幸福了！我们拥有太多太多……

　　此时，让我们把所有的烦恼、恐惧、孤独全部都清空，让我们人生的瓶子成为一个空瓶子。现在，我们躺在草地上，什么也不想，什么也不用做，我们就静静地躺在草地上。我们平时的工作那么繁忙，学习那么紧张，我们根本就忘记了还有蓝天白云。我们有多久没到大自然中去走一走了？我们有多久没去踩一踩草地、看一看蓝天、呼吸一下新鲜空气了？此时的我们躺在大地上，感受着我们是大地的孩子，我们发现幸福来得是如此简单！

　　我们躺在草地上，此时此刻便拥有了整个世界。我们此时睡在宇宙的中心，睡在大地温暖的怀抱中。我们再也不孤独了！现在让我们静静地接受来自太阳的光芒，接受来自宇宙中所有的能量。我们感觉身体在渐渐地长大，我们明显地感觉我们越来越有能量。

让我们一起深呼吸，吸气——呼气——深呼吸——吸气——呼气。

我们吸气，吸收宇宙中所有的能量，感受宇宙中所有的能量融入了我们的身体。

我们呼气，呼出我们所有的恐惧、不安、愤怒、疾病、自卑、孤独。疾病不是我想要的，我想要健康；孤独不是我想要的，我想要热闹；自卑不是我想要的，我想要自信；恐惧不是我想要的，我想要安详……

拍摄于 2017 年百花湖夏令营。

4

如何布置孩子的房间

【导读】

孩子的房间该怎样布置才能构成"好气场",让孩子得益于无形。

房间整洁,就在孩子的心中储存了整洁;

房间美丽,就在孩子的心中储存了美丽;

房间中有伟大人物的肖像,就在孩子的心中储存了伟大;

在房间中布置中国地图,就在孩子的心中储存了辽阔的祖国;

在房间中布置世界地图,就让孩子在无形中胸怀世界。

我们用什么方法帮助孩子建立梦想呢?在孩子很小的时候,就给他讲故事和美好的童话,就是在帮助孩子建立他的心灵世界。当这个心灵世界很美好的时候,他便在心中构成了梦想。

可以从小给孩子讲圣贤的故事，或者陪他看人物传记类电影，从小就培养他的心性。

等他稍微长大，有了独立的房间，就可以在他的房间里悬挂一些名人肖像。比如说他希望获得财富、做慈善，那就慢慢引导他喜欢上比尔·盖茨。他不太喜欢也没关系，他认可比尔·盖茨就可以了，把比尔·盖茨的肖像贴在他的房间里，让孩子天天看，这便是一种广告效应。

让孩子随时能看到中国地图，他心中就储存了辽阔的祖国；再看到世界地图，就了解了世界的广大。看得懂或看不懂并不重要，这其中就蕴含着能量。

我慢慢思考研究后发现，任何一个符号都是蕴含着力量的，力量就表现在作用上。所以，家中可悬挂自然风光的画作、书画作品，或者圣贤、伟人的肖像，这些作品也构成了一个能量场，会影响孩子的方方面面。通过种种方法，让孩子心中向上升扬一种伟大、美好、无私的东西。

我们要找到孩子内心的动力，就像打开他内心的发动机一样。不用这个方法，即使你拿着鞭子去打，也等于汽车没启动发动机一样无效，要抓住孩子的内心在向往什么。

房间整洁，就在孩子的心中储存了整洁；

房间美丽，就在孩子的心中储存了美丽；

房间中有伟大人物的肖像，就在孩子的心中储存了伟大；

在房间中布置中国地图，就在孩子的心中储存了辽阔的祖国；

在房间中布置世界地图，就让孩子在无形中胸怀世界。

父母总是望子成龙、望女成凤，希望孩子在未来能够变得伟大、美好、无私，可是我们在孩子的心中储存过伟大、美好、无私吗？你引导孩子去观察和接受世界的伟大、美好和恩典了吗？

拍摄于 2018 年四川德阳高尊文化中心。

5

孩子的美好都在关系中

【导读】

学习成绩在关系中，生命的喜悦在关系中，生命的财富在关系中，生命中的美好都在关系中。

　　现实世界中经常会有出乎意料、未及所思、不明其理、不敢想象或不愿想象的事情发生，人们称其为"不可思议"。所谓不可思议，就是超出常规的想象与逻辑。但是自然与生命中的每一点，本来就不可思议。科学和逻辑是在不可思议的宇宙中存在亿万年后才出现的，是用来不断研究宇宙中无穷无尽的不可思议现象的工具。也就是说，科学，就像一个3岁的小孩，才刚刚开始好奇这个不可思议的世界。

　　下面，就让我们通过一个孩子的来信，感受信心创造的不可思议吧。

【孩子的来信】

尊敬的寂静老师：

您好！

2011 年的暑假，爸爸带着我与您一起同行。在行脚的路上，我问了您一个问题："世界的真相是什么？"您回答："世界什么都不是，你创造什么，它就是什么。就像一片荒芜的土地，你播种什么，它就生长什么。"您的这番话，在我的脑海里留下了深刻的印象。

一路上，您告诉我们很多道理：厚德载物、薄德薄物、缺德缺物、无德无物，人要有高尚美好的梦想，要通过自己不懈的努力去实现这个梦想等。这些道理令我受益匪浅，我明白了做人一定要有德，一定要有美好的梦想。

五天后，我和爸爸回到了上海。生活又回到以前的轨道上，但变化在悄悄地发生着。我经常回想起您说的话："人要有一个高尚而又无私的梦想，并为之努力，就一定会有所收获。"对，我一定要有梦想，一定要有一个奋斗的目标！不知不觉，我对学习产生了兴趣，不再把学习当作差事和任务了。以前我上课时总是爱开小差，但现在却能做到认真听讲了。以前我面对一大堆"奥数"卷子，总会说"烦死了，不想做了，太难了"，而现在我却从中体会到了解题的乐趣。

在学校，老师们对我的表扬比以前多了，说我进步不小，学习态度端正了，上课也能认真听讲了。我的学习成绩也在悄悄地提高，上学期期中、期末考试，我的成绩在班里都位居前列。在家里，爸爸妈妈表扬我比以前懂事了，他们脸上的笑容多了，对我的责备少了。我知道这一切的改变，都离不开您的教导。感恩！

春节后的新学期是我小学生活的最后一个学期，我和同学们都面临着"小升初"。从3月底开始，我相继面试了几所口碑很好的中学，结果却四处碰壁，这令我情绪低落、紧张不安。就在我最无助的时候，感谢上天巧妙的安排，您来到了上海。您教导我要放松身心，感恩并祈祷，一切都会好起来的。按照您教我的方法，我每天真诚地祝福与感恩，心平气和地面对升学考试的压力。过了一段时间，奇迹发生了，先是期中考试我拿了全班第一，接着又被评为了学校的"校园之星"，最终被理想的中学录取。

我很幸运能遇见您，并聆听您的教诲。"没有雄心壮志的人，他们的生活缺乏伟大的动力，自然不能盼望他们会有杰出的成就。"您为我的心灵指引了一条通向成功的光明之路，我明白了梦想＋努力＋坚持＝成功。今后我一定会继续努力，不断进步，不断成长！

虔诚感恩！

方卫洞（化名）

2012 年 7 月 1 日

【寂静老师注】

自然是最智慧、最有能量的老师。让孩子回归自然，接受自然的加持，孩子的悟性、灵性和能量就会增加，学习成绩自然就会提高。一味地补课，这种做法背后隐藏着各种潜在的危险，比如身心的疾患等。

2012 年 8 月 6 日至 9 日，我们与上海交通大学共同举办的"2012 国学青少年夏令营"，在江苏昆山圆满结束，共有近 600 人参加，场面非常感人，效果非常圆满。特别感恩上海交通大学新儒商国学智慧学堂的宋述东博士及其团队，更无限感恩支持和参与这次活动所有在场的和不在场的人们，他们共同组成了一个充满爱的物质新生命与精神新生命，成就了这一次智慧、美好、喜悦、神奇的盛宴！

你相信奇迹吗？你的生命中出现过奇迹吗？你想创造奇迹吗？我们在南极的发现——天然雕饰出的冰雪观音像，为大家开启了奇迹的大门，引领大家张开慧眼，打开心灵，去发现生命中无处不在的奇迹。

如今，学习成绩已经成为几乎所有家长和孩子的心头大患。可是成绩到底是什么，它是怎么来的？当我们借助古圣先贤的智慧，作了大量实验研究后，得到了一个简单而惊人的发现：成绩就是关系！

所以，要让孩子的成绩提高，方法非常简单，只需改善孩子生命中的种种关系。

借助圣贤的智慧，我们总结出了七种关系可最直接、最强烈地影响学习成绩：

一、和父母的关系；

二、和老师的关系；

三、和书本的关系；

四、和同学的关系；

五、和学校的关系；

六、和社会、国家的关系；

七、和自然万物的关系。

通常，我们的家长、老师，以及学生自己，都只重视了一种关系，那就是"和书本的关系"，并且不明白哪一种关系才是最好的关系。

2011 年 12 月 5 日，寂静老师实拍于南极。

　　由此，我们恍然大悟，过去一根筋地把全部的财力、精力、努力都放在了功课上，而成绩提升并不明显和持久，这是因为我们仅仅加强了七分之一的动力，还有七分之六的阻力尚在阻碍着我们。

　　而开办冬令营、夏令营的核心内容，就是引导孩子如何改善这七大关系。

　　如何改善？浓缩成一个字，就是"爱"，把它放大就是"六盏明灯"——忏悔、宽恕、感恩、祈祷、发愿、交给。改善之后，学生既能轻松喜悦地学习，又能自然地取得好成绩。

　　我们还发现了一个秘密：不仅是孩子改善了七大关系后

会发生不可思议的改变，当父母去改善这七大关系时，孩子的成绩也会发生明显的变化。这就是我们提倡父母与孩子一起成长的原因，也是我们提倡"能量朗读"的原因。

如果你把"能量朗读"和令你受益的文章分享给别人，让更多的人受益，让更多的人明白生命的核心、成绩的核心在于改善关系，如此也就改善了我们与周围环境与人的关系，也就改善了我们与国家、社会的关系。

我们发现，跟自己关系好的人，就很好沟通；关系不好的人，就很难沟通。和你讨厌的人说话，总是表达不清楚；与你关系好的人沟通，就心有灵犀，不点就通。原因就在于这其中有一个无形的管道，这个管道起了很大作用。

同样一位老师讲课，为什么不同的学生会有不同的收获？大家都在听课，为什么收效不一样？这就证明了每个人的管道大小不一样。

就像我们上网一样，我们同时在下载一部电影，为什么有的人还没下载完，而有的人就已经开始播放了？因为下载最快的人使用的是5G的网速，其他人的网速是3G、2G的，所以怎么能说网站有问题呢？分明是自己的网速有问题。

因此我们可以悟到每个人跟他人的关系是不一样的。我们跟老师，以及班级里几十位同学的关系，就像处于不同的网速下，其关系管道的通畅度是不一样的。

一、和父母的关系

要记住，父母是根本。我们生命中得到的一点一滴，都是父母给予的，所以我们第一个要感恩的就是父母。没有他们，我们连生命都没有，我们也根本不会出现在这个世界上。

二、和老师的关系

我们把关系比作管道，跟老师的关系是否密切、亲切，在于管道的大小不同。

中国儒家思想提倡尊师重道，而尊师重道本身就是一种关系。所以，要求孩子对老师尊重，这个是必须要做到的。

我曾问孩子们："你们愿意每天看书半分钟，还是愿意补课两小时？"全体回答："愿意看书半分钟，不愿意补课两小时。"接着我又问："如果看书半分钟的效果与补课两小时的效果是一样的，你选择哪一个？全体回答："当然选择快捷的了。"

我想了一个方法，比如谁的数学成绩不好，就把数学老师的照片贴在数学课本上，并在上面写上：感恩我最敬爱的数学老师。

我认为提高成绩很简单，老师的爱和包容会直接改善孩子的学习状况。老师就像在发射信号一样，如果我们的接收器很灵敏，信号自然就加强了。这不是很简单的道理吗？

我们做父母的，有些人总是批评老师，或对学校不满，这样下去会害了孩子。你在批评老师的时候，孩子与老师的关系就会受到损伤。

有人问我，数学成绩不够好，怎么办？我立刻回答他："因为你跟数学老师的关系不好。"他很惊奇地问："你怎么知道的？"很简单，如果关系好，成绩还会不好吗？所以，我们改善与老师的关系，自然就会改善成绩。我会对这个孩子的爸爸妈妈说："请你们带着孩子一起去拜见老师。"我们要去感恩老师和向老师忏悔，因为孩子的成绩不好，给老师添了麻烦，让老师费心了。我们应去感恩老师，给老师送一束花，向老师道个歉，感恩老师辛苦地教育我的孩子。然后向老师忏悔，自己没有把孩子教育好，没有配合老师，让老师在这方面费心了，然后再让孩子给老师鞠三个躬。我相信，这样做孩子的成绩很快就会提升。

三、和书本的关系

教大家一个改善与书本关系的方法，叫作"超级读书法"。建议你把教授每门功课的老师的照片贴在课本的第一页，然后真心地感恩老师辛苦的教导，在心里默默地对老师说："在学习方面我做得不够好，请老师宽恕我。"再向老师承诺："我一定要好好学习，不让老师操心了，也不让父母操心了。"
再顶礼一下书，用真诚的心去感恩课本，它承载着知识和智
慧，让生命焕发光芒，让生命充满智慧。并对书本说："过
去我不太尊重你、不太珍惜你。从现在起，我会尊重你，就
像爱护我的心脏一样爱护你、尊重你。"

我观察过一些同学，如果他把书本包得很好，很整齐，
我相信他的成绩一定会好；如果书角都卷了，破破烂烂的，
我相信这位同学的成绩也不佳。这都是从"关系管道理论"
中得到的答案。

第四是和同学的关系，要和同学们和睦相处。

第五是和学校的关系，要去爱我们的学校。

拍摄于 2019 年沈阳夏令营，
千余人用灯盏汇聚出"爱我中华 70"字样，献礼祖国成立 70 周年。

第六，和社会、国家的关系。

一个人做生意，如果偷税漏税，就是跟国家的关系不好；不去给顾客带来利益，是跟顾客的关系不好。所以，我遇到企业家都会告诉他，宁愿损失自己的利益，也不能损害顾客的利益。即使损失一些钱，也不能损害关系。

中华优秀传统文化中有"诸事不顺因不孝"的传统，所以要教孩子们"孝"，让他们热爱这个世界、热爱这个国家，从而改善跟社会、国家的关系。

第七，与自然万物的关系。

跟万物都有良好的关系，万物就会把它的智慧和能量传给我们。"万物有灵"，你要用心去感受。

我们去非洲游学，就是让孩子们跟自然建立一个美好的关系：天空、白云、野生动物、草原、树木，人要用智慧来成长自己。

生命的喜悦在关系中，生命的财富在关系中，学习的成绩在关系中，生命中的美好都在美好的关系中。

外在的一切都是我们心灵的镜子、心灵的投射、心灵的影子，我们今天的好坏，都是我们内心的外化，内心把外在的东西吸引过来了，并不是外在平白无故降临到我们身上来的。让孩子改变跟自然的关系、跟同学的关系，让他喜悦起来，让他的灵魂活起来，他的心就会活起来，心活起来头脑就会活起来，头脑活起来成绩就会活起来。

拍摄于 2018 年敦煌游学，3 年来我们共在此植树 1.6 万棵。

6

巧妙的教子方法

【导读】

你对孩子的管教，使用的是智慧还是执著？使用的是笨劲还是巧劲？

我想问问大家，你能不能扭住一头牛的头或角，或者脖子，让牛听你的话跟你走呢？

相信你的回答一定是：肯定不能，这个人一定很笨，使笨劲怎么能行呢？

怎样才能把力气比我们大很多的牛控制住呢？

农民最懂这一套，那就是给牛穿一个鼻环，用巧劲，然后牛就乖乖跟着他走了。

农民对牛都懂得用巧劲，轻松驾驭。现在想想，你对自己孩子的管教，使用的是智慧还是执著？使用的是笨劲还是巧劲？

一、少说多做

做给孩子看，而不是光说不做。只有言传没有身教，等于无效，不但无效，而且还会起反作用。比方在拜访老师的时候父母要先给老师鞠躬、认错（不是说孩子错）、感恩、承诺，让孩子感受这个场面，这就在领导、带领和引导孩子。切忌命令和控制孩子。

孩子是一件作品，父母就是他的雕刻师，他被雕刻成什么样，当然取决于雕刻师。而想要雕刻出卓越的作品，就一定要用对方法。最有效的教育，就是让孩子看到父母是如何做的。父母是孩子成长的教材，也是孩子最大的榜样！

二、最好的教育是使用第三方

"第三人效应"最早是由美国哥伦比亚大学的戴维森教授于 1983 年提出的，简单来说，就是借助第三者的话语去劝说一个人，比直接去劝说效果更佳。

父母如果有什么话，尽量不要自己说给孩子，尽量请孩子佩服或尊重的人讲出来，或者请孩子的好朋友讲出来，这样比父母自己讲出来要有效得太多太多。

家庭教育中，夫妻双方是最佳的合作伙伴，而不应当是"单打独斗"和"偶尔支援"的关系。爸爸要积极做妈妈和孩子间的"第三人",妈妈也要做爸爸和孩子之间的"第三人"。只有父母互敬互爱,孩子才能感受到爱,才会觉得世上有真理,人间有美德。

三、开口教育孩子,要尽量鼓励,给予正面能量

不要打击孩子,不要给孩子灌输负能量。"废品"源于时时打击,"极品"源于处处鼓励。

为什么每个人长大后的命运千差万别?那是因为外界装进来的东西不一样。一个人的思想、境界、格局、见识都是从外面"装"进生命中去的。

将优秀品质装进孩子的生命里,比如孝顺、善良、奉献、仁义、诚信等,会影响孩子一生的命运。

四、父母平时要养成好的生活习惯,结交好朋友,建立好圈子

树立父母在孩子心中的形象,同时给孩子营造一个好圈子。养成开口就说积极、正面的话的习惯,不抱怨社会、国家,而是反省自己。这就是在无形中随时随地做出善举。

我们生命的种子,会被环境唤醒。我们要用一些方法去唤醒孩子,我们给予孩子美好的事物,可以唤醒孩子内在的美好。外在的美,也可以唤醒更多内在的美。

五、父母要建立自己的梦想，然后帮助孩子建立伟大、美好、无私的梦想

梦想是孩子一生发展的动力，是对未知世界的向往、对生命极限的超越。从孩子的兴趣爱好出发，让孩子自己做出决定，学习内心真正热爱的东西，去探索未知的世界。

教育就是要把好种子储存进孩子的生命里。父母首先要树立自己的梦想，然后帮助孩子建立伟大、美好、无私的梦想。

当孩子有了梦想，他们的品质就会发生改变，人生命运的种子也会发生改变。梦想就会同宇宙的强大力量相连，同时梦想也将会得到整个宇宙的帮助。而当孩子把梦想讲述出来，立刻就会拥有力量，所以梦想存在的最重要的意义，就是带给孩子力量、喜悦、希望和方向。

六、学会为自己和孩子祈祷、祝福

这个世界上有很多事情不是人能够左右的，不管是老师还是专家，政府还是权威。

因为这是自然引起的问题，我们唯一的做法，是把解决之道用祈祷和祝福的方式表达出来。

祈祷是宇宙免费送给我们的礼物，能让我们连接到宇宙中超自然的力量。祝福和祈祷拥有同样的力量。

我们要常常在心中对着宇宙、圣贤、祖宗、父母祈祷，

祈祷最美好的东西。

七、把孩子放进特定的、有能量的环境中

我常对一些家长说，即使请假、缺课、考低分也要来参加我们的冬、夏令营，因为我们给予孩子的不是知识和技能，而是点燃孩子内心的"发动机"，唤醒他的智慧和爱心，让他成为一个人。

如果孩子成绩虽好，但身心出了问题，对父母来说，成绩还有什么用呢？

八、放养而不是圈养

著名教育家陶行知曾这样建议父母："我们要解放小孩子的空间，让他们去接触大自然中的花草、树木、青山、绿水、日月、星辰以及大社会中之士、农、工、商，三教九流。让他们自由地对宇宙发问，与万物为友，并能向中外古今三百六十行学习。"其实，"放养"教育本身是没错的，但一定要有合适的度，有边界、有规矩。

在动物世界中就可以看出来，将放养的动物与圈养的动物作比较，放养的动物较活泼。将家养的动物与野生动物作比较，野生的动物较敏捷。

抓大放小，把握一个大原则，给孩子一个空间。真正的放养，放的是孩子的思维，养的是孩子的习惯。

第五章

读者成长故事

【导读】

本章内容均来自读者投稿，其中的主人公多是作者和编者亲见和熟知的。刊出这些实实在在的经历，愿带给您更真实的感受、更坚强的信心、更深刻的感悟和更实在的利益。我们期待并祝愿在不久的将来，我们也可以看到您的成长故事。

1

一个女孩"隐形的翅膀"

【寂静老师按】

今天，我要讲述的是一个女孩的故事。

她本是一个从小就生活在单亲家庭，没有任何特殊的家庭背景，相貌平常的普通女孩。

但是在她 18 岁那年，幸运地遇到了一位老师，并获得了一项特别的学习方法。之后的 5 年时间，她的人生发生了翻天覆地般的变化！

从高考差点没考上重点大学，到陪同牛津大学教授考察，接二连三地获得高额奖学金，成为 2018 年北京奥运会志愿者，被选派前往哥本哈根参加全球气候大会，再到从本科直接保送到北京大学攻读博士学位……

这一连串的经历，让她一下子成了命运的宠儿。究竟是什么人、什么方法与什么力量使她改变了原有的人生轨迹，从而拥有如此美好光明的前程呢？

曾经的我

我的家乡在湖南长沙，我 18 岁以前的人生，可以说是暗淡无光的。

从 6 岁开始，我就生活在单亲家庭中，爸爸很少来看望我，和同龄孩子相比，我的童年缺少了很多欢乐，性格也比较孤僻。虽然有母爱的支撑，但我经历的毕竟是一个不完整的童年。18 岁之前的我，一直是一个内向、自卑、怯弱的孩子。因为从小生活在单亲家庭，我深知妈妈抚育我的艰辛，所以我一直很努力地学习，成绩虽然还不错，但其实我并不聪明，靠的只是勤奋和努力。

唯一和别的孩子不同的是，我似乎与生俱来就对动物有一种发自内心的爱。我希望自己长大后能成为一名动物学家，去保护全世界的野生动物，并让人们学会爱护动物，敬畏每一个生命。我想也许就是这份爱心，让我拥有了一颗楠木的基因，而不是一株芦苇的基因。

最重要的是，后来我遇到了一位智慧的老师，是他浇灌了这颗种子，使它生根发芽，逐渐向着一棵参天大树成长。

高中进入理科班后，智力上并不占优势的我，学习变得越来越吃力。虽然是理科生，可是我的数理化成绩并不好，特别是数学，上课几乎听不懂老师讲的内容。不仅如此，我还完全集中不了注意力，经常不由自主地走神，练习题稍微有难度，脑子就转不过弯，非得请教同学才会解答。

虽然我们班是全年级数学成绩最好的，教我们的是全校最优秀的数学老师，可我却是班上数学成绩最差的几个人之一。小考几乎没及过格，数学老师差不多已经对我失去信心了，这导致我一见到数学题甚至数学老师就充满恐惧。

这样的情况一直持续到 2005 年 4 月，那时我读高二。妈妈在成都参加讲座时遇到了一位改变我命运的老师——寂静老师。在他的引导下，我逐渐成为了一个正心正念的人。

明师指路

其实当时才 18 岁的我，完全不明白那些深奥的道理，只是寂静老师教我怎样做，我就听话地照着做而已。没想到，做着做着变化就产生了。

针对我上课走神、成绩不好的问题，寂静老师教我每天早上诵读一些经典著作。那段时间我只要躺在床上一闭上眼睛，脑海中就总是会出现各种奇形怪状的恐怖的脸，所以总是失眠。于是我每天早上提前半个小时到教室，在人少的地方诵读古代经典中教人静思冥想、沉静心绪、净洁思绪、抑浮戒躁的作品，反复阅读，初期虽不明其意，而且常常一边背一边胡思乱想，但是我还是非常认真。一段时间后，我脑海里的那些恐怖形象果然少多了，上课也能集中精力了。说来也怪，期末考试我的数学竟然考了 130 多分（满分150分），其他几门科目也考得很好，一下子由原来的 20 多名进入到了班级前 10 名，还获得了 500 元奖学金！

这是我人生中的第一笔收入，对于我当时的家庭条件来说，也算得上是大数目了。我迫不及待地将好消息分享给妈妈，妈妈很高兴，问我："这笔钱是属于你的，你打算怎么花呢？"

我当时心里马上冒出了一个念头，我想我的成绩提高应该和诵读经典著作有关，而这多亏了寂静老师的教导，所以我应该用这笔钱感恩老师。于是我毫不犹豫地对妈妈说："妈妈，那就把这 500 块钱全部给我的老师吧！"我当时竟然完全没想过要把这些钱留下来给自己买衣服或是别的用品。要知道我在高中时，一年四季几乎都只穿校服，这对于一个十七八岁的女孩子来说实在是太罕见了。妈妈反倒有些舍不得，她认为给老师 300 元就足够了。后来妈妈把这个过程在电话中告知了寂静老师，老师对我拿到钱没有首先想到买吃的穿的玩的，而是想到报恩感到非常震惊，对我大加赞叹，并且告诉妈妈："不要计算钱有多少，而是要成全和保护孩子这颗美丽的心。孩子的那颗心，就是她全部的命运。你扣下 200 元，不就扣掉了孩子 40% 的命运了吗？应该让孩子把钱全部寄过来。"

妈妈听了老师的话后恍然大悟，十分开心地把 500 元钱全都寄给了老师。后来，老师对我说，当他收到钱时，立刻在心底不自禁地涌出一个结论：这个孩子将来一定处处畅通、前途无量！

惊喜悄然而至

现在回想起来，如果当时我真的把寄给老师的钱打了折扣，那么我今天的人生想必也一定会被打折扣，当然也就不会发生后面一连串的神奇改变了。

经常诵读经典著作，我的成绩有了一些提高。但是因为之前的基础实在薄弱，高三学期的几次模拟考试成绩都不理想，越是临近高考我越是没信心。

我的梦想是考上名校，但能力的限制让我的梦想变得遥不可及。我甚至不知道自己能不能考上重点大学，甚至一度想如果高考落榜，就跟着妈妈去做小生意。

在这样的紧张和不安中，高考来临了。

考试成绩公布后，我发现自己的成绩只比重点线高出了 25 分，后来被北京林业大学野生动物与自然保护区管理专业录取，仅仅比录取分数线高了 5 分。现在回想，我当时的分数以及我所选择的这个专业，似乎都是为我量身定做的：全国仅有几所林业院校开设了野生动物保护专业，北京则只有林业大学一所学校开设，而且在我高考那年还是第一年招生。

后来的事实也证明，我就读的这个看上去很冷门的专业，反而成为后来很多事情发生的前提基础。所以我总是在想，考入林大、就读这门专业说不定也是上天的安排呢！

进入大学后，这个专业的所有科目我都很喜欢，所以学习起来也很有动力。由于我们是第一届本科生，整个年级就只有一个班，总共才 30 个学生。所以大一结束后我很轻松地就考取了年级第二名，还获得了 5000 元新生专业特等奖学金！

想当初，我在高中时将 500 元奖学金寄给老师的时候，老师就说我下一次会获得 5000 元奖学金。没想到，这个预言竟然应验了！我欣喜异常，马上把这个喜讯报告给老师。这次我对老师说，想用 1000 元感恩老师，1000 元给妈妈，再留下 3000 元自己用，结果老师希望我把钱一分不留地全部送出去。我一听就愣住了，这次可是 5000 元呀，这回我心里真有些舍不得了，老师为什么要让我把好不容易得来的奖学金全都给别人呢？

老师看我不能理解，就把道理告诉我："人在取得成就时千万要记得报恩，如果把生命比作一棵大树，我们就是这棵大树上的花与果。天地国家、父母祖宗、亲人朋友、老师同学以及一切成就过、帮助过我们的人都是这棵大树的根。所以一个人未来的命运和成就可以通过观察他报恩的成分来预知，就像观察植物的根和土来预知花和果一样。"听了老师的话，我豁然开朗，将 5000 元做了这样的分配：感恩老师 1000 元，给爷爷 1000 元，给爸爸 1000 元，给妈妈 1000 元，剩下的 1000 元买了许多小礼物送给了其他亲人、朋友、老师、同学。

舍得，有舍才有得

我发现，当我把自己获得奖学金的喜悦转化成奉献的喜悦，分享给更多人的时候，我自己也收获了快乐和满足，这远远比我自己花掉这些钱要有价值得多。我猜，我一定是北京林业大学当年使用奖学金最有创意也最有意义的人！奖学金就好比是农夫在辛勤耕耘一年后所丰收的粮食，绝大多数人将这些粮食吃掉了，也许会吃得很饱很开心，但却不能保证来年还有粮食吃，而我则是将这些粮食作为种子继续播种。

舍得，舍得，不"舍"怎么能"得"呢？

从表面上看，我自己一分钱都没得到，但是我用它们积累了看不见的财富，就像把钱存在了宇宙银行中，而这些力量最后又回馈到我的身上，让我的生命变得越来越美好、吉祥、如意，这不正是验证了老师常说的"厚德载万物"吗？老师很赞赏我敢"舍"的品质，在讲课的时候也常常用我的故事举例，还说这个女孩下次一定能拿到国家奖学金。

其实每次我听到老师这样说，心里都打鼓，因为国家奖学金是学校奖学金体系里级别最高的，只颁发给每个年级最优秀的学生（通常是年级第一名）。而我一直保持在第二名，并且上了大二后也没有再获得新生专业特等奖学金的机会了。按正常情况来说，这一年我只能拿到1000元奖学金，所以我很担忧。可是谁知道，神奇的事情竟然真的出现了。

就在我已经确信只能拿到1000元奖学金的时候，偏偏大一年级第一名的平均成绩没有达到学校要求的85分，按照规定是不能拿国家奖学金的，但为了不浪费名额，学院负责评奖学金的老师，就把大一的这个国家奖学金名额给了我！后来我听老师说，林业大学历史上还从来没有过哪一个年级同时有两个人获得国家奖学金的呢！以后估计也不会再有这种情况了。直到沉甸甸的烫金证书发到我手上的那天，我才真正相信这不是梦境。我真的出乎意料地得到了对于本科生来说至高的荣誉和 8000 元奖学金！我非常清楚这绝对不可能是偶然，不然怎么没有发生在别人身上呢？

在这次神奇的事情发生之后，我就有了一种很强烈的感觉：如果我没有遇到这样一位好老师，或者没有好好听从并实践老师说的话，那么我的人生应该会像普通人那样平凡地走下去。可是当我不断地去舍得，去给予别人的时候，我的命运就开始改变了。

惠能大师曾说："一切福田，不离心念。"我想，这些事情之所以能够发生，是因为我内心善良的增加，反映在物质上的表现。

2008 年底，寂静老师到北京讲课，我去参加了。我当面请教老师，这 8000 元又该怎样分配呢？老师说，上次他已经教我怎么用那 5000 元钱了，这次就让我自己决定。因为尝到了感恩的甜头，我把这 8000 元钱也全部都用来感恩那些帮助过我的人，自己还是一分钱都没有留下。现在的结果，您是否能猜到呢？

我被保送进入北京大学后，第一年的奖学金已经高达33000 元了，不但不需要自己交学费，加上每个月学院发放的助研津贴和助教工资，算下来每个月有 3000 多元的生活费。不仅妈妈不用再负担我读书的开销，每月我还能寄给妈妈 1000 元钱。

保送北大的经历

要说我经历过的最神奇的事情，要算保送北大的经历了。

到北大读书是我一直以来的梦想，不仅因为北大是国内顶尖学府之一，有一流的师资和学习环境，更因为北大的生命科学学院有我深深崇拜和敬仰的一位生物学家——吕植教授。

吕植教授是北京大学保护生物学教授，山水自然保护中心主任，北京大学自然保护与社会发展研究中心执行主任，国际保护生物学学会理事，中国科协常委，世界经济论坛 Global Agenda Council 成员。她还是一位著名的大熊猫研究专家，并因其在中国生物多样性保护上的杰出贡献而享誉国内外。她还被《纽约时报》评为 21 世纪中国最值得关注的 5 位青年之一，获得过"中国青年女科学家奖""中国十大杰出青年"和"中国环境保护杰出贡献奖"等荣誉。

如果我能追随这位优秀的老师学习，该是多么幸运啊！

可我也深知，虽然我有保研的资格，但是要从目前所在的新成立的专业保送到北大生命科学学院，就像一步登天一样困难。更何况，吕植教授每年只招收一名保送的研究生，而这一届加上我一共有 4 个人想保送到吕教授那里，另外 3 名同学都是出身名校，非常优秀。竞争这么激烈，可独木桥只能有一个人通过，我该怎么办呢？是退缩放弃，还是继续勇往直前？

我心里很清楚，如果凭我自己的能力，保送成功几乎是不可能的。有谁能帮助我达成心愿呢？我向寂静老师诉说了我的愿望和困境，老师非常支持我去北大继续深造。老师还提醒我：一定要弄清楚去北大学习的目的，不要仅仅为了读研究生而去北大，而是为了能够借助北大这块响亮的牌子更好地传播真理。一定要把利益自己的想法，转化成为能利益更多的人的愿望，这样才能得到更多人的拥护和帮助。同时，老师还教我要多感恩，感恩父母、同学，感恩生命中所有帮助过我的人。我也立下愿望：今后不仅要保护野生动物，更要去救护那些在养殖场中生活悲惨的动物，善待并救护一切生命。

在生活中，我把善心善行落实在小事上，比如主动把房间门口杂乱的鞋子摆放整齐等。现在回想起来，自己今天能取得这样优异的成绩，跟之前一点一滴累积起来的小事都是分不开的。

到了正式保研的时候，我的内心非常矛盾和忐忑不安，虽然之前我经历过获得国家奖学金这样不可思议的事情，但是心里仍然有怀疑。而且，寂静老师对我那么有信心，要是保送失败了，我该如何向寂静老师交代？会不会也打击了老师的信心呢？

怀着紧张的心情，我参加了保送生的面试。面试后老师们讨论了整整一天，这4个学生到底该录取谁？因为4个人的面试表现都很相当，并且来自山东大学的一个女生由于情况特殊，如果当天拿不到接收函就只能失去保研资格了（保送资格生在本校读研自然没有问题，但若要申请保送到其他学校，一旦失败，保研资格就作废，以后要想在任何学校读研，都需要参加考试。所以，从林大保送到北大，这种做法本身就是冒险）。

这一天过得像一年一样漫长。

就在我焦灼地等待结果的时候，妈妈也在不停地为我祝福和祈祷。到了傍晚，面试结果终于出来了。吕植教授对我说："很抱歉，你很优秀，但是因为名额的限制我没能录取你。"我当时觉得自己一下子就从希望的山顶跌到了绝望的谷底。我该如何对为我付出了那么多的妈妈说出这个残酷的结果呢？

为了安慰我，吕植教授说，三天后学院里有另外一个保送研究生的面试，这是北大刚刚开始推行的教育改革，招收进来的学生第一年要选择3个不同的实验室进行轮转。整个学院有16个名额，她可以分到1个名额，便建议我去参加这场面试。但问题是，面试的主考官中除了吕植教授，其他老师都是研究微观生物领域的，而我在本科时根本没上过微观生物课程，基础几乎为零。我能通过面试吗？但是我也只能再去碰碰运气。

在接下来的三天里，我的心情沮丧极了，书都看不进去。三天后的面试，我对自己的表现并不满意，当时心想没希望了，还是老老实实地准备考研吧。可谁知道，面试结果公布时，我竟然被录取了！

心怀感恩，生命觉醒

进入北大之后，我每天都在心中感恩寂静老师、吕植教授，以及母校林业大学那些帮助过、指导过我的老师。我能够来到这样好的环境里学习，离不开老师们的恩德啊！

寂静老师曾教导我，感恩有四种表现形式：第一是心里要有恩；第二是在言语上要表达出来；第三是要用自己的实际行动来报恩；第四是在金钱上要有所表现。

对于我来说，努力学习并成为吕植教授所希望的学科优秀接班人是最重要的。

除此之外，我计划每个月从自己的奖学金中拿出 200 元，捐赠给吕植教授创办的 NGO 组织"山水自然保护中心"，以报师恩。钱虽然不多，但这是我对吕植教授的事业，以及对我所热爱的野生动物保护工作的支持。

以前在林业大学上学时，寂静老师就对我说，我要高高地飞翔在林大的我的同学之上。意思是我的观念和境界，要超越我的同学。

当时我还很没有信心，林大还有那么多比我优秀的人，我怎么可能超越我的同学呢？现在到了北大，我的信心反而越来越足，因为我开始发现：拥有超越的观念和境界，所到之处就无需与人竞争。我觉得自己就像一只雄鹰，将在北大的天空上自由地翱翔。

我特别喜欢寂静老师发给我的一段话：

"什么是觉悟的人？

觉悟的人有智慧，看待人生很超越，就像空中的鹰，看地上的猎物一目了然。而且他知道自己内在的宝藏，知道智慧的源泉、财富的源泉、快乐的源泉和魅力的源泉；知道那个让所有事物运转、让人们彼此相爱、让地球生生不息、让生活更富活力的伟大力量——那是我们每个人本有的力量。

只有当我们唤醒它、运用它的时候，那些生生世世形影不离的黑暗、魔影和卑微，才会慢慢消失，生命的光辉和希望才会随之出现。"

我虽然离觉悟还差得很远，但是和同龄人相比，我已经开始走上一条觉悟的光明大道，而我心中那份对动物的爱，也让我特别的与众不同。

老师常说："观念是命运的基因，观念决定成功。"

我相信，拥有了这些超越的观念，我一定会成为北大的骄傲！

最后再跟您分享一个小故事——

大四的上学期，由于非常偶然的机缘，我幸运地成为了中国青年代表团的40名成员之一，前往丹麦首都哥本哈根，参加了举世瞩目的第15次联合国世界气候变化大会。

为什么幸运会接二连三地垂青于我？这样一个难得的机会，怎么就碰巧会被我遇到并且抓住了呢？我想这绝对不是偶然，也许是我在不断地付出奉献之后，老天发给我的奖赏吧！

我们每个人都是自己生命的驾驶员，方向盘就掌握在我们自己的手里。是驶向崎岖的羊肠小路，还是驶向路旁开满鲜花的光明大道，完全是我们自己的选择。

命运就是生命中的不断选择所连接起来的轨迹。

我能够做出生命中正确的选择，并逐渐拥有幸福、快乐、美好、吉祥的生活，尤其要感恩父母的辛勤养育，老师的慈悲教诲、悉心指导和一切有缘的贵人支持！

最后特别要感谢您能抽出时间来阅读我的故事。如果我的经历能够对您有所启发，那将是我莫大的欣慰和荣幸。

刘美琦

2010.10.6 于北京大学

2

我考出了前所未有的好成绩
作者：杜颜

【寂静老师按】

心中有多少光芒，生活中就有多少吉祥！

我叫杜颜，就读于大连市某高级中学，在高考时，我遵守寂静老师的嘱咐，最终考取了文科 580 分的成绩。对我个人来说，这是我前所未有的好成绩，也出乎所有人的预料，考取了全校第二名。我很高兴将我的故事与大家分享。

第一次知道寂静老师，接触国学，是在高二的时候，因为姑姑的介绍，参加了同学的妈妈举办的一个分享会，在分享的过程中，也是我第一次和大家一起朗读《能量朗读——让世界因我而美丽》。在这里，我非常感谢我的姑姑和同学的妈妈，如果没有她们，我绝不会有机会接触寂静老师，我的生活和学习也不会发生翻天覆地的变化，感恩你们！

寂静老师说过，他希望我们能够去传播智慧和爱，所以，我要将发生在我生活中的事情，以及跟随老师学习后的变化，跟大家分享。

聆听了寂静老师的教导后，我便开始和妈妈一起去西山水库放生。每次看到菜市场里在案板上快要被杀掉的鱼，心里都很难过。记得有一次下大雨，爸爸让我去市场上买菜，我手里拎了很多菜，但当我看到案板上有一条快要被宰杀的大鲤鱼后，心里很难受，就马上把它买下来去放生了。

西山水库里面都是泥地，一下雨，地面就变得很湿软，走起路来很费劲，而且从水库外面走到可以放生的地方，路程又很远。我拿了那么多的东西，把脚从泥地里拔出来都很费劲。就在我想我该怎么办的时候，对面走过来一个阿姨，问我去水库里做什么，我就请求她能够和我一起去放生鱼，没想到阿姨马上就答应了，领着我走到水边把鱼放生了，然后再领我回来。我真的觉得善良的力量很强大！有了博爱天下万物的善心，当你遇到困难时就会有"天使"来帮助你。阿姨就像"天使"，如果没有她，我自己根本走不到水边。让我更加感动的是陌生人之间互相帮助的善心，感恩那位陌生的阿姨！

在高考前，我参加了寂静老师在大连星海会展中心举办的"成长与成才"专场活动。有点担心考试的我，在第一天进入会场时，看到很多义工哥哥姐姐谦逊地向我们鞠躬，那时候我的担心和紧张就不见了，心里只有感动和温暖。寂静老师教给我们"超级学习法"和"关系管道理论"，回到家我就遵照这些办法做出改变，比如，将老师们的照片恭恭敬敬地放好，对书本也更加尊重，对同学更加友善，对父母更加孝顺，对大自然更加爱护……我能感受到宇宙的力量真的就在心间流淌！

我的家庭氛围变得十分和睦，和爸爸妈妈的关系也愈加和睦融洽。妈妈也更加尊重我的想法，对我更加理解，生活上更是无微不至，这真是巨大的力量源泉！

高考前一段时间我就吃素了，真的是神清气爽，想到肉反而会觉得油腻不适应。我每天会诵读《能量朗读——让世界因我而美丽》及其他心绪管理与心灵净化方面的古籍经典，试着疏通关系管道，每天都充满着喜悦和幸福。

寂静老师说，高考的时候要去跟别人要祝福。于是我就四处打电话向亲朋好友要祝福，收到了祝福，真的觉得充满力量和信心！

在第二天中午英语科目考试之前，我和爸爸躺在床上休息，爸爸突然摸摸我的头发和脸，跟我开玩笑说："英语不用考太高，140分就行"。我当时心里很感动，因为爸爸的动作让我感受到了他对我的信任和关爱。神奇的是，我的英语最终成绩就是140分！这是我高考成绩里最高的，我从来不敢想我的英语会考到140分，爸爸给我的力量如此强大！

我要感恩寂静老师教会我疏通关系管道，祖宗和父母的强大力量都通过这个管道传给了我。我到现在都不敢相信我的英语会考那么高。我要感恩爸爸妈妈，感恩寂静老师！

我平时的成绩一直都是530分，年级排名20多名，最好的一次是551分，年级排名第九。可是我高考考了580分，年级排名第二，比我平时的成绩高出了40多分，估分的时候连我自己都不敢相信。这真是一个巨大的成功，我从来都不敢去想的成功，我真的很欢喜！

现在，我的生活和学习发生了翻天覆地的变化，学习成绩提高了，心态变好了，家庭氛围更加和睦了，我的心中充满感恩！感恩爷爷奶奶、姥姥姥爷，感恩爸爸妈妈、姑姑叔叔等所有的家人；感恩生命能让我拥有这么好的家人和朋友；感恩生命让我能够接触到寂静老师的智慧！我今生一定要做一个管道，把智慧和真理传播出去！我也相信，我的未来一定会更加光明，可以创造更大的成功！

3

没有不会飞的慢小孩，只有不想飞的懒小孩
作者：周子茹

【寂静老师按】

成功是否实现，关键就在信与不信，愿与不愿，行与不行！任何改变和成功，外缘只是助缘，真正使之有效的因还是自己。

我是来自重庆的周子茹，今年16岁，刚读完高一。我想分享我参加阿坝夏令营后的感悟和我这一年的改变。寂静老师说：越分享越享。给予他人喜悦就是给自己喜悦，成功也是由小及大，一个个连接起来就是一个圆满人生。

从小到大，我就是一个永远比别人慢上几拍，思维和现实从不在同一水平线上的慢小孩。甚至就连出生时，我在妈妈肚子里过了预产期都不愿出来，打了催产针十天后，才降

临人间。四五个月大时，家人才确信我不是聋子，到了一岁的时候，才叫得出"爸爸妈妈"，两岁左右才开始长头发，到了初三，牙齿才更换一新。最让爸妈焦急的是，我总爱一个人自言自语，思维天马行空，不着边际。所以，我也很惊讶自己是怎么顺利升入高中的。

有些人看到这里也许会不耐烦，我是来接受智慧和学习方法的，不是来了解你小时候的。对，我写这个就是为了告诉大家，你们绝对比我正常多了，我都可以改变，你们更没有问题。

我认识尊敬的寂静老师有一年了，这一年也是我十几年人生中最重要的转折点。为什么不是最最重要的？因为这个人只有你自己可以充当。（编者注：寂静老师曾无数次强调"我愿意、我接受、我相信"的重要性，由此可见，任何改变和成功，外缘只是助缘，真正使之有效的因还是自己。）

成长分为三个阶段：觉醒——改变——卓越。

觉醒是成长的开始，起着决定作用，老师只能帮我们觉醒，引领我们播下梦想的种子。如果把人生比喻为一只手电筒，"觉醒"就是按下开关，"改变"就是调整光圈和光距，"卓越"便是把手电筒的光亮发挥到极致。

所以，改变不能半途而废，而是要从始至终，这样一来，卓越将不是偶然，而是必然。手电筒从按下开关到发出第一束光尚需要零点几几秒的反应时间，更何况是人呢？每个人的"配置"都不一样，不要着急，只要坚持按照正确的方法去做，成功一定会实现，一切该发生的都会发生。

上小学时，我的英语成绩从 20 分到 60 分都有。上了初中，我们班主任是英语老师，对我们施行"高压政策"，我的英语成绩提高到了 140 分，甚至有两次考了 148、149 分。可是物极必反，到了初三，我英语成绩一下子跌到了 110 分。

初三第二学期，我按照寂静老师教导的每天重复 7 次诵读经典著作。考试前十天，每天我把所有老师的形象在脑海里回忆一遍，并对他们一一敬礼。考试期间，我坚持吃素。结果，我英语考了 134.5 分，单科排名年级第一。

高一上学期的期中考试，我数学只考了 81 分，这是我升入高中后第一次数学不及格。妈妈带我去拜访数学老师，表达感恩。后来老师一直鼓励我，告诉我没有问题。在下半学期，我做数学题时就超有灵感，这期末我数学考了 128 分，我的总成绩也由第 50 名上升到了第 12 名。

在经历了一系列"成功"后，我深信在浩瀚的宇宙中，有一股冥冥之中的力量，看不见，摸不着，却真实存在。爱、喜悦和感恩可以让它显现，而它又会激发出更多的爱和喜悦。

喜悦与快乐不同，快乐是依附于外在的一种自我情绪状态，因外境无常所以瞬息万变，而喜悦是独立完整的内在心态，稳定持久。

现在，我这个慢小孩已经成为一名开朗活泼的快乐少年，能量满满，让我们一同见证成功，一同奔向卓越吧！（编者按：子茹后来顺利考入大学，并前往英国学习交流。）

4

三天，孩子的命运从此不同

作者：妙缘

【寂静老师按】

2012 年 3 月 10 日，我收到一条短信："晚上好，寂静老师！您真是一位魔术师——短短三天时间，您让我那个梦想成为政治家的儿子变了模样！班主任主动告诉我，孩子变化很大，恭敬、大气、积极求知！我也亲眼看到儿子每天都在进步，让我也每天都生活在幸福和感恩之中！我原想收获一缕春风，您却给了我整个春天！"

去年底，忘记是如何找到寂静老师博客的了，只记得，当那隽永秀美的文字、深入浅出的哲理和美不胜收的图片映入眼帘时，我心底就发出了一个强烈的声音："这一定是个特别的人，我要认识他！"

感谢命运的善巧安排，我终于如愿见到了"传说中"的寂静老师。

"我儿子上初二时，因病几乎一个学期都没有上学，落下了很多功课。6月份就要参加中考了，我……""不用担心，你儿子没问题。"我的话还没说完，寂静老师就打断了我。好个"不负责任"的老师！我心中暗想。

老师接着说道："让他参加冬令营吧。他的学习没问题！"

令人意想不到的是，这次见面，以及接下来为期3天的冬令营，不仅让我开始了别样的生活，更让我14岁的儿子像是变了个人，心灵境界和学习成绩快速提高。原来，这不仅是个说话负责任的老师，还是个让你惊喜迭出的"魔术师"。

1月16日至18日的冬令营，谁能想到这短短的72小时，上天竟给了我一个不一样的儿子！

此前的儿子，放学后除了写作业，最重要的事情就是用手机看网络小说和跟网友聊天，根本就没有心思复习功课。无论是写作业间隙，还是吃饭、睡觉前，甚至是上厕所，他都手机不离手。很多时候，在苦口婆心劝说无果后，我都有砸烂他手机的冲动，我一忍再忍。

参加冬令营回来不久，1月30日晚饭后，儿子做了一件让我大吃一惊的事情。"我决定下个月取消手机的流量套餐，不再上网看小说，不再聊天了。先试一个月。"儿子平静地宣布他的决定。"真的吗？！"我睁大眼睛，不敢相信自己的耳朵。"真的。"儿子给了我肯定的答案，这让我惊讶不已。

果然，儿子说到做到。2月末，我"壮着胆子"提醒儿子："如果你3月份想开通手机流量套餐，今天可是最后一天。""不开了，这样不分散学习精力，挺好的。"儿子的话让我一颗悬着的心放了下来。转念一想，我惊出一身冷汗：儿子要是顺水推舟地开通流量，我岂不是前功尽弃！

至今，儿子依然履行着他的诺言。我如释重负。

此前的他，作业很少写得工工整整，写完后也绝不会再多看一眼书。我每每提醒他中考迫在眉睫，要抓紧时间复习初二落下的功课，他都很不以为然，颇为倦怠。我无计可施。

这学期开学后，儿子主动借来同学初二的数学和物理笔记，让我帮他复印。几天、十几天、几十天……儿子在书桌前坐着的时间越来越长，写完作业后又多了一件事：复习。我开心坏了，真是"得来全不费工夫"！

一天，儿子看着满满一页已经抄好的字词，犹豫了一下，还是从作业本上撕了下来。"为什么撕作业啊？"我奇怪地问他。"这一页字写得不太好，感觉挺对不住老师的，重写一遍。"儿子那神态和语气貌似一名将要上战场的战士。想到他原来可是多一个字都不愿意写的啊，我不禁对儿子心生敬意。

此前的儿子，对不遂他愿的事情很是抵触，动辄就不耐烦，爱抱怨，"烦死了"几乎是他的口头禅。由于体育成绩也纳入了中考总分之中，学校每天课后都要组织学生长跑。儿子对此深恶痛绝，每天回家必痛斥体育老师的铁石心肠。

3月初的一天，儿子放学后，我见他没提跑步的事，就问他跑步累不累。"当然累啦，跑到最后我就像一摊烂泥，但还是坚持下来了。我当时想，有那么多同学陪着我一起跑步减肥，老师也不下班，我有多幸运啊！这么一想，就真的跑下来了！"我心里连连赞叹，多么有智慧的孩子啊！

不仅如此，从冬令营回来后，无论做什么事情，儿子的口头禅都不见了，取而代之的是憨憨的笑脸和令人舒心的一声声"好咧，好咧"，他的心态平和了许多，心情也快乐了许多，这让我颇感安慰。

正月十五过后，在寂静老师的教导下，我向儿子学校的校长和每位任课老师分别索要了一张照片，放大后装入镜框。镜框上方书写："感恩我的老师"，下方书写："弯腰，是一种美丽"，让儿子每天早晚向老师鞠躬，感恩致谢。

我小心翼翼地向儿子提出了这一提议，同时也准备好了一箩筐说服他同意的理由。意外的是，儿子竟通情达理地说："行，我照办。"从那天起，即便是上学就要迟到了，儿子也要向老师们恭恭敬敬鞠了躬再走，那股认真劲儿着实令人感动。渐渐地，当儿子再提起老师时，没有了不恭和不屑，没有了不满，有的只是一件件师生间的趣事。

接下来，令人欣慰的事情发生了。3 月初，儿子的班主任第一次给我留言："孩子近一个月的上课状态非常好，为人大气，积极求知，请放心！"我格外高兴，却忍不住再次向班主任确认："您是说孩子有变化是吗？""是的，孩子变化很大，简单一句话：孺子可教！"我如获至宝，这句留言我至今都保存着。

更让人欣慰的是，短短 3 天的冬令营，虽然寂静老师并没有给孩子们讲解学习的重要性，也没有传授学习课堂知识的技巧，而且此后我再也没有敦促和紧盯着儿子，但是儿子的学习成绩竟有了令人意想不到的提高！

从刚刚结束的期中考试结果得知，儿子的英语和化学成绩依然领先；物理成绩比上学期期末提高了 7 分，从"B 等"变成了"A 等"；语文成绩从上学期第 25 名提高到第 16 名，作文成绩历史性地提高了 8 分，首次达到一类作文水平；数学成绩从上学期的第 20 名一跃成为第 2 名！

家长会上，老师们说从开学至今，儿子每科成绩都保持上升趋势，并赞叹我"教子有方"。其实，我知道不是我有方，而是我身后的人有方，他就是寂静老师。

寂静老师让我懂得，我是"原件"，家庭是"复印机"，孩子是"复印件"，任何复印件的问题都是原件的问题。恍然大悟的我，开始深刻地反省自己，我也要和儿子一起成长！于是，我不再用挑剔的眼光看儿子，不再责备他，不再表示不满，而是把他存在的所有问题，无论大小都揽在自己身上，一点点、一件件在自己身上"开刀"，毫不留情地挖出我曾经种下的种种"因"。我尝试着回到当时自己"种因"的状态，观想着当时的情形，真诚地忏悔，勇敢地面对。

儿子真好，他是一面镜子，让一向骄傲的我找到了那么多自己竟然熟视无睹的问题。慢慢地，我发现我好了，儿子也好了，我的家人似乎也都好了，我周围的人们好像也都好了！我太开心了，每一天都生活在感恩之中。

还有80多天，儿子就要中考了，但我的内心却有一种从未有过的踏实感。此刻，我才真正相信了寂静老师见我第一面时说的那句"儿子没问题"。

中考、高考在即，我在此与大家分享我的孩子高效、快捷的成长经历，也祝愿大家的孩子都有超速的成长和进步！

【附记】

几天前得知，儿子已被保送本校高中实验班。这是非常难得的机会，这是半年前初见寂静老师时我不敢想象的事情。感恩寂静老师！感恩学校！感恩老师们！感恩每一位关注孩子成长的人，我爱你们！

5

冬令营改变了孩子的命运
作者：吴玉彦

【寂静老师按】

这是一位参加了北京冬令营的老师回去后在大连的分享内容，都是她用心归纳后的精华，对很多家长有特别的参考价值。我看到后，非常惊叹和感动于她的这份用心和细心，实在值得与大家分享。我想，每一位听众要是都能像她一样，既能充分地吸收所学的东西，又能把所学的智慧传播出去，真是收获无穷。

在此让我们一起感恩这位老师和妈妈，也感恩刘美琦所做的编辑和修改。

2012年1月16日至18日，我和儿子到北京参加了"托梦春天，相约北京"冬令营。

这次冬令营的主题是"成长"，果不其然，三天时间，我和儿子都获得了极大的成长。我们的胸怀、境界、智慧和美德，在冬令营后都得到了提升。儿子的领悟力越来越好，他写了一篇日记《十天走入幸福之门》，对寂静老师所讲的"花蝶效应"深有感触。

寂静老师说："只要有花，蝴蝶纵使飞走了，还会再回来。如果无花，蝴蝶纵使飞来了，也一定会飞走。"儿子把"花蝶效应"和"厚德载物"联系起来，写道："花就是一个人厚重的德行，而蝴蝶就是众多美好的事物。"

不只是我们，很多孩子在参加完冬令营后，内在的"动力系统"被打开，都有了非常大的改变。这也是我们今天这次分享的缘起——为了让更多的家长和孩子感受到寂静老师的智慧。

在高能量场中去体验

冬令营一共三天时间，前两天是老师讲课和大家作分享，最后一天大家集体爬长城和参观北大校园，第四天早晨到天安门广场观看升旗仪式，然后就圆满结束了。

这次冬令营选在寒冷的北京，其实正是寂静老师的用心良苦之处。首先，北京是我国的政治文化中心，其次是因为北京有长城。当我们站在气势磅礴的长城上，就会感受到中华五千年历史和文化的厚重，感受到中华民族的伟大，可以很好地培养孩子的民族自豪感和爱国之情。还有另一个重要的原因，是因为北京有两所世界级名校——北京大学和清华大学，是众多孩子和家长向往的地方。当孩子们见识、体验了名校的氛围后，就会在心中种下一颗种子，或许将来就会生根发芽，梦想成真。

寂静老师说："培养孩子的方法，就是让他去见识、去体验。"有很多东西可以影响人，最重要的是，我们要把它存放在心中。冬令营不仅是简单地听课，更重要的是让孩子们去体验。

《能量朗读—让世界因我而美丽》是寂静老师特意为这次冬令营创作的。我们每天都齐读三次，确实能感受到一种很大的力量，让身心状态都向上提升。

寂静老师建议《能量朗读—让世界因我而美丽》最好每天都读一遍，最少每个星期也要读一遍。冬令营结束后，我儿子每天早上都能坚持朗读。因为文章很长，读一遍要用十分钟，所以有时一次读一半，下次接着读。我只要有时间就和他一起读。

为什么我们要这样学习和朗读呢？基于一个原理，那就是寂静老师在 2011 年行脚路上写的一句心语："人是什么？人什么都不是，人像个空瓶子，往里装什么就是什么。"人的心灵就像一只瓶子，珍贵和低贱是由心灵里面装的东西决定的。

无论我们是培养孩子还是对待自己，都要看给自己的心灵之瓶装了些什么。只有心中装着伟大，才会伟大；只有心中装着美好，生命才会美好；只有心中装进无私，生命才会无私。

冬令营的主题：成长

寂静老师讲述快速成长的四个要素——梦想、老师、圈子、无求。

第一个要素：梦想。

为什么要建立梦想？

为什么孩子学习没有动力？为什么爱玩游戏？这些都是表面现象，我们不要被表面所迷惑，一定要向深处追究。没有动力是因为孩子没有方向，没有方向是因为孩子没有梦想。孩子不知道来到这个世界要干什么。说实话，也不能都怪孩子，因为有些大人都不知道。

有的孩子不爱学习，全家老少追着孩子学。孩子就像汽车，如果发动机没启动，就算全家人推着车走，又能走多远呢？所以得想办法启动发动机，车才能开起来。孩子的梦想就是他的发动机。

有人说："我想打火，可打不着。"寂静老师说："因为你压根没给车安装发动机。"又有人说："我安装发动机了，可车子仍然走得很慢。"寂静老师说："那是因为你安装的发动机马力太低了，得换大排量的。"霍金说："人若没有梦想，不如死去。"寂静老师说："人若没有梦想，等于行尸走肉。"

建立一个什么样的梦想？

寂静老师讲过，梦想必须要满足三大特征：伟大、美好、无私。有人说我的梦想是当一名医生。老师说这只是个目标，不是梦想。因为它不具备梦想的三个条件。

为什么梦想要伟大？一个人心中如果见不到伟大，那他就无法做出伟大的事情。

为什么梦想要美好？因为只有心中装着美好，生命才会美好。人的一生所追求的就是美和乐。

为什么梦想要无私？这个特征最重要。也许很多人的梦想都能符合前两个特征，比如梦想成为一个世界一流的律师，这个梦想具备了伟大和美好。但是成为世界一流的律师是为了什么？为了匡扶正义，还是为了名闻利养？如果是前者，就是无私的，而可能绝大部分人的动机都是后者。

寂静老师说，梦想如果是自私的，是基于欲望的，肯定会难以实现。即使实现了，也一定充满困苦，不得解脱，没有幸福感。而梦想若是无私的，就会得到天地万物的支持，连接宇宙的通道，获得宇宙的力量，就会很容易实现。

一个人的命运跟他的心灵世界有非常密切的关系。有美好的思想，就会做出美好的事；有伟大的思想，就会做出伟大的事；有无私的思想，就会做出无私的事。

所以，我们每天都应该给孩子心中灌输一些伟大、美好和无私的东西。一个人如果都是私心，他就是小草的基因，命运绝对不会好，生命绝对长不大。而伟大、美好和无私的心，就是楠木的基因。看看我们现在，是不是给孩子教的都是自私自利？整天教孩子怎样跟别人竞争，怎样得到第一名，怎样得到奖学金。成绩虽然好，但是用的全是私心。

寂静老师有句名言："越自私越自卑，越无私越自信。"很多孩子都有自卑的问题，而让孩子拥有一颗无私的心就能很好地解决孩子的自卑。

梦想有三大好处：方向、力量、希望。只要帮孩子建立了梦想，孩子就知道该怎样努力了，也能自觉地克服很多困难，根本就不用家长再操心。

冬令营中有个聋哑小女孩，她虽然身有残疾，但是非常自信、阳光。当她和妈妈分享完冬令营的感受后，主持人心平老师问她的梦想是什么，她回答说："哦，这个问题我还没想好，但是我想帮助那些上学有困难的孩子，让他们都有能力上学。"我相信她的人生虽然有缺憾，但是一定会非常美丽。

很多孩子的梦想是想当世界级的慈善家，不管他们的梦想是否能真的实现，但只要心中有爱，生活就会无比美好。寂静老师还说了一句重量级的话：梦想不一定是要拿来实现的。

如何理解？很多人因为没有梦想从而沉沦，而有些有梦想的人却又容易执著于梦想，在梦想中死去。这两者都不对，我们要透过现象看本质，只要能产生方向、力量、希望，梦想的作用就达到了。

冬令营之行不仅让孩子们找到了梦想，很多家长也找到了自己的梦想。我有一个朋友，是三个孩子的妈妈，冬令营回来后，她和儿子都找到了梦想。儿子的梦想是考上北京大学，要知道这可是一个当初不愿学习而要退学的学生。母亲的梦想则是把三个孩子培养成国家栋梁，这是多么大的心量！要是放在以前，她想都不会想。

快速成才的第二个要素：老师

老师不仅包括学校中教导我们学习文化知识的老师，还包括各行各业的顶尖级人物，社会上有德行有智慧的领导、长辈、朋友。

应该怎样向老师行礼呢？寂静老师告诉我们，要送上礼物，并恭恭敬敬地鞠三个躬。老师举了他自己的一个例子，他去拜访老师时，首先恭恭敬敬地鞠三个躬，第一句话是："感恩您，我吃的饭里有您的恩德。"之后他递上礼物，这不是送礼，而是恭敬老师，因为这些有智慧有德行的老师本来就应该被我们恭敬。

今天的时代是学习的时代。怎样学习才最有效？不是天天跟着书本学习，最直接、最快速的就是直接向最优秀的人士学习。

快速成才的第三个要素：圈子

社会可以把人逼出来，环境可以把人逼出来，可父母不能把人逼出来。所以父母要营造一个氛围和圈子，把孩子给

"熏"出来。比如说参加冬夏令营、游学活动、分享会等，就是在营造圈子；平时参加的经典班、童学馆、兴趣班，也是圈子；我们今天的分享会，也是一个圈子；带着孩子去旅游，甚至说今天不用学习了，带着孩子放一天风筝，也是圈子……

为什么要营造一个圈子呢？就是为了营造一种氛围，体验一种感受。带着孩子去旅游，让孩子体验天地万物都是有灵性的。徐霞客游览了名山大川，他的文章中汲取了天地万物的灵性。

家长应该引导孩子建立一个优秀的圈子。一个人的命运取决于他的圈子，把一个人接触最多的二十多个好友的命运平均一下，就是他自己的命运。而带着负能量的朋友就应该先放下，放下阻碍我们成长的一切。这不是自私，而是为了让自己能更好地成长，进而来帮助这些朋友。

作为家长，我们应该想办法带孩子去见识各种优秀的人，让孩子去经历、成长。当孩子体验了之后，这些经历就进入了他的生命，进入了潜意识。我们常规的学习方式都是用眼睛看到、耳朵听到，然后储存到头脑中。其实头脑对一个人的影响还不够强大、不够有力量，只有当经历和体验进入心灵后，对人的影响才特别大。

寂静老师还告诉我们，要注重孩子房间的布置，因为房间也是一个圈子，同样会营造一种气场。"房间整洁，就在孩子的心中储存了整洁；房间美丽，就在孩子的心中储存了美丽；房间中有伟大人物的肖像，就在孩子的心中储存了伟大。"

所以，作为家长就应该通过种种办法，营造各种圈子，保持一种氛围，打开孩子的格局，拓宽孩子的心量，帮助孩子向上生长。孩子心中装着伟大、美好、无私，孩子自然就能做到自律。

快速成长的第四个要素：无求。

无求就是向内求。不求外在的财富、地位、名望，只求内在的美德、胸怀、智慧、境界的提升。寂静老师有句名言："不求有钱，但求值钱。有钱只是暂时拥有，值钱才是真正永远拥有。"

接收宇宙的力量

2011 年寂静老师曾徒步行脚，跟随他行脚的孩子们在短时间内成绩都有了自然的提升，这是为什么呢？

寂静老师做了精彩的解答："首先要知道行脚的目的不

是为了磨炼孩子的意志，而是让孩子们去感受、感悟和接收宇宙的力量。我们不为'走到'，因为永远'走不到'，我们只为'悟到'，因为一悟就'到'"。

再来看看，在徒步行脚的路上，寂静老师带领着孩子们做的事情：

1. 看到要被宰杀的动物就尽量买来放生，并且以一种很特别的放生方式：拿着小盆，邀请路人参加，感受亲手放生的喜悦，并且把爱心传递给每个参与的人。"放生的重心不是放生几条小生命，而是借助放生动物来'放人'！"

2. 因为要走在公路上，所以经常看到被车撞死的小动物，寂静老师带领着孩子们埋葬它们，给它们作超度，让孩子珍惜生命。

3. 遇到拾荒的老人，寂静老师就带领大家向他们鞠躬并给他们钱，感恩他们让我们的世界变得更加整洁美丽。

4. 一路上领着孩子们捡垃圾，让城市变得整洁。

5. 一路上领着孩子们吃素，体会素食的美好和内心的清静。

6. 一路上寂静老师边走边讲课。遇到什么，就随缘把什么当成教具，让孩子们思考。

7. 一路上让孩子们给予路人祝福，表达感恩。

所以，为什么很多孩子的成绩在短时间内都有提升，就是因为寂静老师引领孩子们做的事情，全都符合宇宙万物运行的规律，都是爱的举动。与宇宙万物的运行规律相吻合，就符合了道，就能接收到宇宙的力量。

冬令营的基本思想：建立梦想，改良基因

有智慧的家长必须要做的一件事，就是帮助自己的孩子建立梦想、改良基因。《一个女孩"隐形的翅膀"》一文的作者刘美琦在文章中说，寂静老师成功地把她从小草的基因改良成了楠木的基因。

如果一个人能帮助他人，并为他人带来幸福，那么别人会不会支持他？当然会！这就是作用力与反作用力。当我们奉献于社会的时候，社会就会给我们一种能量回馈。而当我们去索取的时候，就会变得很自私，你会发现遇到的人都讨厌你，大家都不愿意支持你。如果你很无私，愿意奉献，你发现谁都愿意支持你。

所以，如果一个人能得到社会大众、天地万物的支持，这个人就不可能不成功了。我们要真想帮助孩子，真想帮助孩子过好一生，就要改变过去的观念，不能用自私的想法对待他，也不能用常规的思想对待他，应该换一种超然的思想，在他们的心灵中存放伟大、美好、无私的种子，就会结出伟大、美好、无私的果实。

要想让孩子成长，家长必须先要成长

寂静老师有两句特别有震撼力的话："家长是原件，家庭是复印机，孩子是复印件。""孩子的问题，百分之百是家长的问题。"就拿 2011 年徒步来说吧，很多家长是和孩子一起行走的。孩子看到父母改变了，自己就自然改变了。寂静老师用了一个比喻来说明这个问题：父母就好像一间房子，父母不长高，始终会压着孩子长不高，所以父母不成长，孩子就不可能成长。

如今我们很多家长都有一种奇怪的想法，自己不想成长，却期望孩子变得优秀。这怎么可能呢？父母和孩子是一体的，父母成长了，孩子自然就成长了！家长要努力提升自己的胸怀、慈悲、爱心、智慧、境界。

家长要有智慧，不要盲目给孩子补课。要抓住两项任务：一是补短板，二是借助各种圈子提升自己和孩子的智慧、美德、胸怀和境界。所以在假期中，我们要带领孩子获得知识，为孩子营造好圈子，注重孩子心灵的提升。

孩子在某一学科上成绩不好，不要盲目责怪孩子不努力。万事万物都有因、缘、果，有果必有因和缘，孩子成绩不好只是一个果。我们要学会从因、缘、果上寻找解决方法。

《周易》中讲"厚德载物""积善之家，必有余庆；积不善之家，必有余殃。"这就是孩子成绩好与不好的"因"。请做父母的想一想，自己的德是否厚重？是否做到了孝顺父母、兄友弟恭、长幼有序、朋友有信？我们给自己的孩子存了多少德，给他积攒了多少回报？如果家长能够做好这些，孩子肯定会一顺百顺。

我们经典班的刘老师坚持五年做公益事业，她的女儿就是一个例子，她非常优秀，从中国人民大学法律系毕业后考取了中国社会科学院法学院的研究生。

不光要找到"因"，还要找到"缘"。"缘"可能有很多种，我们要一个个地解决。

我们做家长的还能做一件事，就是为孩子祈祷。寂静老师说，这个世界上有两种事情最容易发生：一个是担心的事情，一个是祈祷、祝福和感恩的事情。应该把担心换成关心和信心。关心是一种有形的保护，信心是一种无形的保护。

成为父母，是此生的一场修行。愿与天下父母共同学习、共同改变、共同成长。

成功的标准不是拥有财富的多寡，而是成就了多少人、利益了多少人、拯救了多少人、帮助了多少人。

6

不抱怨，考得好
作者：晓佳

【寂静老师按】

一位曾经爱抱怨的妈妈，在孩子中考前出现心理问题时，选择了坦然接受，并觉察到给孩子的心灵种下一粒宽容与感恩的种子是比分数更可贵的事，没想到孩子中考时竟然考得很好。

那些来到我们生命中给我们添烦恼的人，一定是上天派来让我们在他们身上训练宽恕的。因为心中没有宽恕，就不会拥有财富。一个人感恩越多，幸福就越多，财富就越多；一个人抱怨越多，灾难就越多，疾病就越多。

我于 2013 年 11 月有幸阅读了寂静老师的博客，那里就像一个正能量发射站，走入的人无不深受触动。寂静老师倡导的成功的三把"宝剑"："此生不为钱活，此生不为自己活，此生只做别人不愿做的和做不到的"，在甚嚣尘上、追名逐利的俗世里，如一声响雷，振聋发聩，将人的心量无限拓宽。

徜徉在寂静老师的博客里，宛如行走在天堂的花园。行脚，使每个平凡的瞬间无不充满哲理和感动；人生永恒的三大存在"困惑、需求、向往"，道出人性的真谛，犹如醍醐灌顶，令人茅塞顿开；六盏明灯"忏悔、宽恕、感恩、祈祷、发愿、交给"，帮我们点亮心灯，让我们深刻地感受到不抱怨的人生方是智慧的人生。

感恩寂静老师的智慧讲解，我反观内省，在过往的际遇中，的确有过一段不抱怨而收获成功的经历。在寂静老师无限拓宽心量的感召之下，我愿意将这段经历与大家一起分享。正如老师所说："越感恩越恩，越分享越享。"

去年儿子中考，他所在的考场考英语听力时机器出现故障，十道题中有五道题听不清楚。儿子回家告诉我，"老师说，家长可以找当地教育部门反映。"

因为儿子不是在本校考试，他的老师自然也很着急，担心本校的学生出现这样的问题会影响分数。儿子说他们班有的学生家长已经准备向有关部门反映这个问题了，问我要不要参与。

我当时回答说："咱不参与。"理由很简单，按理说，中考是很重要的考试，出现这样的问题是不可原谅的，但人活着什么事情都有可能发生，相信最着急、最难过的是那所学校负责考场的老师和校长，他们已经知道自己失误了。如果是我们做错事了，相信我们也不希望被别人一次次提起，所以我们不妨给老师一个自我解决的机会。

儿子听后立即说："妈妈说得对。其实那5道题虽然听不清楚，可是汉语我们都能勉强听清楚。说明我们英语的听力水平太差，如果我的英语能像汉语一样流利，也应该能听清楚。"我说："儿子，你能这么想真是太棒了。就是咱自身英语水平差，所以不能全怪老师。"

儿子之后的考试丝毫没受到英语考试的影响，暑假分数公布前，我和儿子再也没提过这个话题。成绩公布后，给了我们意外的惊喜，儿子的分数竟然跻身我们所在市区的前100名，当时的考生共有6000多人。这是儿子初中以来考取的最好成绩，儿子如愿地考上了当地最好的高中，并且选择了实验班。儿子从来没在班级内考取过前5名，但没想到中考却考到了班级前3名。

我不希望在儿子的心田里播下抱怨和指责的种子，毕竟人生本没有坦途可言。一次考试不公，你可以投诉，但踏入社会，谁没遇到过坎坷和不顺？"行有不得，反求诸己"，一事当前，我希望儿子不是抱怨，而是勇于担当，以恕己之心恕人，永远不要把这样的事情当作阴暗面记在心里，否则只会削减孩子的福气。而宽恕他人也恰恰是宽恕了我们自己，我们得到了意想不到的回报。

以前，我也喜欢抱怨，正如寂静老师所说，"越抱怨越怨"。不好的心态自然会感召不好的事情，不抱怨的人生才是真正的人生，才是轻松愉快、幸福吉祥的人生。

人是什么？人就像个空瓶子，装进去什么就是什么。这句话真是至理名言。让我们把抱怨从自己和孩子的人生中剔除，装入真、善、美、乐，何愁人生不幸福，何愁追求达不到呢？

7

遇到、闻到、悟到、做到，就能得到

作者：陈薇羽

【寂静老师按】

这里要讲的是一个每次英语考试都只考了 10 多分的小学三年级女生，一次偶然的机会，妈妈带她到了"一座山"，山上有"一座庙"，庙里有"一个神仙"，神仙教她"一套法术"。从此妈妈开始认真使用"神仙法术"，之后的第二学期，她竟然取得了连妈妈都不敢相信的惊人成功——三科成绩都考了 90 分以上。

我叫薇羽，家住在昆明，我的女儿叫诗诗（化名），今年 10 岁，正读小学三年级。

在一年级时，她因汉语拼音没学好，语文考试不及格，被迫重读。两年下来，女儿的学习成绩并没有因为重读而获得提升。三年级时提升了一点，语文成绩通常在 60～70 分，数学成绩通常在 80 分左右。最不敢说的就是英语，连 26 个英文字母也背不出来，更不要说单词了，每次考试都只考 10~20 分。

我几乎用尽了一切可能的办法，请家教，送培训班，逼着做练习、背单词、写生字，甚至骂过打过，但她的成绩仍旧不好。她非常调皮，性格像男孩，爱和老师作对，老师几次要求我们带回家去管教，甚至建议让女儿去看心理医生。

去年 6 月份，学校组织夏令营，全班同学都去参加，我也给她交了费。可过了几天学校打电话来说不让她参加了，原因是她不听老师的话，学校担心管教不了。我去学校退款那天，看到她失望的眼神，我既心疼又生气。可任凭我和先生伤透了脑筋，用尽各种办法，始终没办法让她提高。

为了寻找教育方法，我经常上网搜集资料，偶然间看到了寂静老师的博客。通过阅读，我感觉像在黑暗中见到了光明，让我认识到原来孩子所有的问题都是父母的问题。这时恰逢寂静老师与上海交大合作举办夏令营的报名期间，我抱着试试看的心情为先生和女儿报了名。

我把《能量朗读—让世界因我而美丽》一文打印下来，天天和女儿一起朗读；在女儿房间内按寂静老师教导的方法张贴世界地图和中国地图；练习用左手吃饭，细细体悟寂静老师的思想和精神，学着去改变；我反省之前不明事理，总是要求和埋怨女儿，现在明白是因为自己没做好，女儿才出现各种问题；我每天都祈祷一切变得美好，圆满无障碍。

就这样终于到了夏令营开营的时间，本来我也很想参加，无奈儿子那时才6个月，我不能离开。平时女儿的事都是我在管，要不是因为儿子太小，我先生是不会去的。那天我把他们送上飞机，怀着忐忑的心情等待他们的音信。因为先生是第一次参加这样的活动，之前也没看过博客，何况他是个脾气暴躁的人，我很担心他会发火。

果然到晚上9点钟电话铃响了，我接起来后听到先生生气地抱怨：什么夏令营，规矩这么多！我只好劝他，既然去了就坚持一下吧，看看效果，如果不好以后不参加就行了。这样他的火气才消了一些，答应参加完再说。放下电话我马上祈祷一切顺利，并告诫自己放下担心，因为老师说过，担心是一种诅咒。

第二天夏令营正式开始，中午接到先生电话，竟然赞叹寂静老师讲得很好。我安心了。为了弥补我没能参加夏令营的遗憾，我从头至尾一篇篇、一遍遍地阅读寂静老师的博文，泪流满面，有喜悦，有感动，有震撼，有忏悔。

到了夏令营的第三天，先生发来短信说："老婆在家带孩子辛苦了，感谢！感谢！感谢！"

我好惊喜！这是我和先生认识十多年从来没有过的情景。到了夏令营结束那天，先生告诉我，他和女儿徒步了4公里。这对于平时半公里路都没走过的女儿和常常开车的先生来说，已经很难得了。

转眼开学了，学校进行摸底测试，女儿的英语成绩还是40多分，老师找我谈话，埋怨的话很多。要是在以前，我会不耐烦，还会埋怨老师，可现在学习了"关系管道理论"，我知道女儿的成绩不好是由于家长对老师不理解、不感恩，使孩子和老师之间的管道堵塞了，是家长的问题。

所以我耐心听完老师的意见，诚恳地对老师说："对不起，老师，是我们没教好孩子，让您操心了。您对孩子的这份关爱，我很感恩！"

老师听后很惊讶，问我："您真的这样想吗？"

我说："真的，老师，我以后一定配合您把孩子的成绩搞上去。"

后来我陪着女儿给她班上的老师每人送了一束鲜花，写上感恩词，并向老师鞠躬致敬，这大大改善了女儿和老师的关系。

　　除此以外，我常常带女儿去放生，亲近大自然，喂鱼、喂蚂蚁，改善与宇宙万物的关系。女儿不爱惜书本，常在书上乱画，我耐心地和女儿一起一页页地把她乱画的擦掉，并给书包了书皮，女儿现在对书本爱惜多了，书包里也不乱了……

　　我就这样陪着她一点点疏通管道，并坚持每天背诵国学经典著作和《能量朗读》。到了期中考试，女儿的语文和英语成绩都在80多分，这真是太大的成功！英语老师很高兴，还买了礼物送给女儿，说是谢谢我们的配合，但老师不知道我们配合的方法是这样奇妙。

　　到了下半学期，我和先生在外学习，基本上没在家，也没时间督促孩子学习。期末考完试，英语老师打来电话，激动地说："诗诗这次英语考了95.5分，而且是昆明市三个区联考，考了三次取得的成绩！恭喜你！"我听了非常高兴，老师又说她要把女儿写进她的教研史，因为太典型了。女儿这次三科成绩平均分在90分以上，我心里满是感恩，感恩寂静老师！感恩祖宗父母、宇宙万物！

　　只要你愿意，以恰当的方式给上天一个通道，恩德就会源源而来。

图书在版编目（CIP）数据

让孩子成才的秘密. 家教篇 / 发现生命工作室著；寂静老师主编. —北京：电子工业出版社，2020.3

ISBN 978-7-121-38317-5

Ⅰ. ①让… Ⅱ. ①发… ②寂… Ⅲ. ①儿童教育－家庭教育 Ⅳ. ①G782

中国版本图书馆CIP数据核字(2020)第021769号

责任编辑：张瑞喜
印　　刷：中国电影出版社印刷厂
装　　订：中国电影出版社印刷厂
出版发行：电子工业出版社
　　　　　北京市海淀区万寿路173信箱　　邮编：100036
开　　本：880×1230　1/32　印张：8　　字数：244千字
版　　次：2020年3月第1版
印　　次：2020年7月第4次印刷
定　　价：48.00元

凡所购买电子工业出版社图书有缺损问题，请向购买书店调换。若书店售缺，请与本社发行部联系，联系及邮购电话：（010）88254888，88258888。

质量投诉请发邮件至zlts@phei.com.cn，盗版侵权举报请发邮件至dbqq@phei.com.cn。

本书咨询联系方式：bailan@phei.com.cn，（010）68250802。